教育部人文社会科学重点研究基地四川大学南亚研究所成果
教育部区域和国别研究培育研究基地四川大学南亚研究所（中心）成果
"南亚智库概览"丛书系列成果

印度智库研究

机制、影响与案例

周惠芳　解斐斐◎著

国际文化出版公司

·北京·

图书在版编目（CIP）数据

印度智库研究 ：机制、影响与案例 ／ 周惠芳，解斐斐著 ． —— 北京 ：国际文化出版公司，2021.10
ISBN 978-7-5125-1290-0

Ⅰ. ①印… Ⅱ . ①周… ②解… Ⅲ . ①咨询机构－研究－印度 Ⅳ . ① C932.835.1

中国版本图书馆 CIP 数据核字 (2021) 第 113794 号

印度智库研究：机制、影响与案例

作　　者	周惠芳　解斐斐
统筹监制	吴昌荣
责任编辑	崔春来
品质总监	张震宇
出版发行	国际文化出版公司
经　　销	全国新华书店
印　　刷	北京虎彩文化传播有限公司
开　　本	710 毫米 ×1000 毫米　　16 开
	10.5 印张　　150 千字
版　　次	2021 年 10 月第 1 版
	2021 年 10 月第 1 次印刷
书　　号	ISBN 978-7-5125-1290-0
定　　价	68.00 元

国际文化出版公司
北京朝阳区东土城路乙 9 号　　　　　邮编：100013
总编室：（010）64271551　　　　　传真：（010）64271578
销售热线：（010）64271187
传真：（010）64271187-800
E-mail：icpc@95777.sina.net

目 录

总　序

2015年1月20日，中共中央办公厅和国务院办公厅印发《关于加强中国特色新型智库建设的意见》，明确指出"智力资源是一个国家、一个民族最宝贵的资源"，充分肯定"智库是国家软实力的重要载体，越来越成为国际竞争力的重要因素"，认为"纵观世界各国现代化发展历程，智库在国家治理中发挥着越来越重要的作用，日益成为国家治理体系中不可或缺的组成部分，是国家治理能力的重要体现"。这一定位高度肯定了智库的内外作用，不仅为中国特色新型智库建设指明了道路，也为开展世界各国智库发展历程和经验教训的比较研究提供了重要指导。

南亚地区紧邻中国，具有发展加速、动荡加剧、舆论活跃这三大特点，再加上区内普遍存在的善思好辩的民族传统，以及相对宽松的政治模式，由此成为智库发展的一方乐土。南亚各国普遍建设了各种形式的智库，粗略说来可分为官方智库、民间智库、外来智库和半官方智库四大类，其中前三类智库与官方的关系相对清楚。官方智库包括隶属于各政府部门（外交部、内政部、国防部、商工部）和其他官方部门特别是武装部队的智库，他们的经费由官方提供，工作由官方安排，研究成果向官方汇报。这方面的典型有印度的国防分析研究所、印度三军协会，巴基斯坦的伊斯兰堡世界事务委员会、战略研究所，斯里兰卡的卡迪加马国际关系与战略研究所，阿富汗外交部战略研究中心等。民间智库与官方的关系较为疏离，虽与其有各种形式的合作，但并无隶属关系，如印度的观察家研究基金会、巴基斯坦政策研究所等都属典型的民间智库。近年来，一些西方知名智库开始在南亚国家建立地区分支机构，呈异军突起之势，引起越来越大的关注，由著名学者拉贾·莫汉领衔的卡内基国际和平基金会印度中心，以及布鲁金斯学会印度中心等都是最突出的代表。

在这四类智库中，半官方智库是情况最复杂的。半官方智库不具有官方身份，一般不直接接受官方拨款（可接受项目委托），研究成果也不直接向官方负责（个别委托项目除外），看起来似乎很超脱。但实际上，半官方智库始终与当局保持各种直接间接、或明或暗的密切联系。例如近年来炙手可热的辩喜国际基金会前后两任主任，分别由前印度情报局长和前陆军参谋长担任，基金会主任阿吉特·多瓦尔（Ajit Doval）在莫迪当选总理后直接出任国家安全顾问，基金会执委会成员米什拉（Nripendra Misra）任总理首席秘书，从莫迪政府退休的副国家安全顾问又返回基金会担任主任。在这种情况下，如果非要说基金会与官方关系不大，显然是极为荒谬的。又比如印度基金会的负责人由印度人民党总书记马达夫（Ram Madhav）出任，他不仅积极向莫迪政府献计献策，甚至还直接为莫迪助选，如在2014年大选之前专门为莫迪组织了与主要公司企业的见面活动。[①]对这种支持，莫迪政府也投桃报李，2017年8月派遣其外交部部长斯瓦拉吉（Sushma Swaraj）赴斯里兰卡参加基金会组织的印度洋会议。又如，阿富汗冲突与和平研究中心自称"独立"智库，形式上不隶属政府或任何政党，然而中心创立人和首任主任希克马特·卡尔扎伊（Hekmat Khalil Karzai）为时任阿富汗总统哈米德·卡尔扎伊之侄，现任阿富汗外交部副部长（负责政治事务）。他任副外长后仍与中心保持密切联系，经常就政策问题咨询中心意见，委托中心就外交与安全问题准备文献资料。由于这种密切关系，该中心在阿富汗政府的决策过程中发挥了极为特殊的影响力。

以上简短讨论说明，对南亚智库的基本情况展开研究，对其主要研究进行调研，无疑是深入了解南亚局势的重要路径，对中国特色地型智库建设也不无可资借鉴参考之处。然而，要开展相关研究又有不小的难度，这在很大程度上是由智库本

---

① Sreenivasan Jain, "Truth vs Hype: The RSS' Mission Modi," NDTV website, April 6, 2014, http://www.ndtv.com/elections-news/truth-vs-hype-the-rss-mission-modi-556333.

身的特点所决定的。一方面，智库首先是一种研究机构，故必须遵循研究活动的规律，保障其客观性与学术性，以严谨可靠的学术研究来剖析问题，提出建议。另一方面，智库按其本性必须设法扩大政策影响，这就要求其与当局积极建立联系，向其献计献策，而这又可能影响其独立性与客观性，从而削弱研究的客观性。客观地说，这对矛盾是始终存在的，也是难以化解的，各家智库只能设法兼顾，其结果很多时候并不令人满意：过度融合的情况有之，相互脱节的情况亦有之。作为官方智库代表的印度国防分析研究所所长阿尔文·古普塔的表态有助于我们一窥究竟。他批评印度的政策制定与智库的关系并不理想，称一方面是政府继续奉行僵化的保密文化，导致研究人员难以获得必要的研究资料，另一方面智库又不了解政府的决策过程和决策制度，无从得知决策者的需要，经常是闭门造车。[①]尽管如此，在公开宣传上，除了少数官方智库之外，大多数智库特别是半官方智库，都选择凸显乃至渲染自身的独立性，多自称"独立""自主""自治""无党派""非政府"等。这为客观分析评估其成果带来了很大困扰。

　　另一个问题是，由于当局的决策参考内情一般来说处于高度保密状态，并不对外披露，智库的实际政策影响往往处于晦暗不明的状态，外界要一窥究竟是非常困难的，相关评估往往沦为一种猜测。有一次与印度一知名官方智库的专家座谈，针对政府是否听从该智库建议的问题，对方略为踌躇之后的答复是政府"听"但不一定"从"（Listen to but do not follow）。也是逗得双方拊掌大笑。当然，除了政府披露相关信息（可能性微乎其微）之外，要评估智库影响也不是毫无办法，比如通过经费投入和人员规模可评估其研究实力和开展其他活动的条件，通过领导层和主力研究人员的构成，特别是其官方背景，可间接评估其与政府的联系，通过其承担的政府委托项目可评估其决策咨询重点，通过对比公开发表的成果与政府实际推出的政策的异同可评估其政策建议的实际效果。然而这些评估均属于间接评估，比起直接评估仍隔了一层。更麻烦的是，各家智库的信息披露情况差异很大，有些充

---

① 阿尔文·古普塔补充指出，国防分析研究所的情况要好很多，因为其历任所长都有政府工作经历，研究人员也有很多是现役军官，更为了解政府的思维方式和当务之急。Arvind Gupta, "IDSA's Interface with Policy," *Strategic Analysis*, Vol. 39, No. 5, 2015, p. 569.

分而及时，有些则寥若晨星，令研究者无从下手。

第三个困难是，智库的关注领域往往相当广泛，有些经费充沛、人员充足的智库的研究更是包罗万象，比如印度观察家研究基金会的研究内容涵盖了政治、经济、军事、文化、网络与信息安全等领域。很多智库历史悠长，成果极为丰硕，甚至大致浏览一遍也已变得越来越困难，最突出的如印度三军协会建立已近150年，相对年轻一些的如巴基斯坦政策研究所也有近40年的历史。在这种情况下，要集中关注一家智库已属不易，要跟踪多家智库并较深入全面地剖析其最新研究更是难上加难，仅凭少数学者恐怕很难完成这一工作。

尽管存在这些客观困难，我们仍然认为很有必要尽快开展南亚智库问题的相关研究，因为参照前引《关于加强中国特色新型智库建设的意见》的精神，可以认为南亚智库是南亚国家"最宝贵的资源"，是"其软实力的重要载体"，是其"国家治理能力的重要体现"。教育部人文社科重点研究基地四川大学南亚研究所是中国南亚研究和相关高层次人才培养的重要基地，长期关注南亚政治经济文化社会领域的现实问题，组织团队从事这一研究不仅是其学术探索的有益尝试，在某种意义上更是一种社会责任。在长期的教研实践中，我们发现由研究人员牵头，组织、指导研究生参与课题研究，是一种可行的创新教研模式，此次尝试编撰国内首套南亚智库研究系列丛书就采用了这种模式，由南亚研究所科研人员、研究生和外部合作伙伴共同组成研究团队，联合撰写书稿。

我们的初步想法是，先撰写两部《南亚智库研究》，对南亚几个国家若干较有代表性的智库的机构概况、主要研究等做一介绍并进行评价，以此作为整个系列丛书的某种引论。然后陆续推出《印度智库研究》《巴基斯坦智库研究》《南亚的中国研究智库》（具体书目待定）等续作，一方面补充更多的智库情况，另一方面考虑采用以专题研究为主的篇章结构，重点突出各机构对重要问题研究的代表性成果和观点，如有必要也可直接按照具体问题推出著作。最后，也可考虑推出针对极少数重点智库的研究专著。上述系列成果不能说毫无交叉之处，但我们尽量做到互补而不是简单重复。通过以上三阶段或两阶段的工作，我们希望推出一套覆盖面相对较广，有自身特点，足兹研究人员参考之用的"南亚智库概览"系列丛书。

总序

　　项目自2017年启动以来，我们较为迅速地组建了丛书启动成果的课题组，从7月正式启动，到10月底截稿。当年10月中旬，课题组部分成员在黄海之滨、崂山之畔的山东青岛即墨参加中国南亚学会年会。撰写序言之际，不禁因与崂山相关的名篇"崂山道士"和"香玉"而联想到《聊斋志异》中的另一则有趣故事。该书的《西僧》记一西域僧人卓锡山东泰山，自言历十八寒暑，离西域时有十二人，"至中国仅存其二"，言"西土传中国名山四……相传山上遍地皆黄金，观音、文殊犹生。能至其处，则身便是佛，长生不死"。作者的评价是"听其所言状，亦犹世人之慕西土也。倘有西游人，与东渡者中途相值，各述所有，当必相视失笑，两免跋涉矣"。这则有趣故事与笔者前文所述的中印双方研究人员均羡慕对方智库得到政府重视，抱怨本国智库有志难申的情形是何其相似尔。或许，中国和南亚各国的智库都有必要放下或正面或负面的成见，客观冷静地研究对方的真实情况和各自短长。既然智库归根到底是一种（特殊的）研究机构，那就只有从"实事"之中才能"求是"，只有"求是"才能有效建言献策，服务时代。我们热切期待在后续研究中得到南亚各国智库的支持与合作，大家一起将智库研究做得更好，为中国和南亚这两大地区的专家学者提供有价值的研究参考，为两大地区的相互沟通和相互理解贡献力量。也希望学界朋友和广大读者不吝赐教，帮助我们做好研究。

四川大学南亚研究所课题组

一 前 言 一

《印度智库研究：机制、影响与案例》是"南亚智库概览"系列丛书的第五部成果。丛书的前两部《南亚智库研究》（第一辑）和《南亚智库研究》（第二辑）的主要任务是介绍南亚各国智库全貌；第三部《印度智库研究》和第四部《巴基斯坦智库研究》分别关注两国智库对若干重要问题的相关研究；第五部则从机制与案例这两个视角，剖析印度智库的发展及其对政府外交和安全事务的政策影响。这五部著作各有侧重，各有特点，共同构成了一套较为完整的"南亚智库概览"丛书。

印度智库起源于20世纪三四十年代，自英印殖民时期发展至今，经历了四个发展阶段。据《2018年全球智库报告》统计显示，印度智库总数已达509家，其总数在全球位居第二，在亚洲排名第一。[①]印度智库之所以能发展壮大，一定程度上得益于政府政策支持、碎片化社会环境和国内外私人捐助等各种因素。

智库主要通过提出并推广政策思想，为印度外交和安全决策提供人才，为决策者提供政策交流平台，借助主流媒体传播智库观念及开展"二轨外交"等途径和方式影响以总理及总理办公室、内阁、政府机构和政治官僚等所组成的直接决策团体和以国会、利益集团、智库、媒体及公众等所组成的间接决策团体，以达到影响印

---

① James G. McGann, 2018 Global Go To Think Tank Index Report, Philadelphia PA USA: University of Pennsylvania, 2019, p. 36.

度外交与安全决策的目的。

2014年莫迪执政后，印度政府进一步支持智库广泛参与外交事务。印度智库的"旋转门"现象变得更为显著，智库与政府之间的权力关系变得模糊，企业隶属智库和政党关联智库发展壮大，印度政府通过项目审核与拨款资助的方式规范智库行为，智库活动与研究受到更严格限制。总的说来，本书认为，受政府接受程度和智库研究质量的限制，印度智库对政府宏观的外交和安全决策影响力并不明显；除却与政府保持密切联系的企业隶属智库和政党关联智库外，多数智库仍无法触碰政策决策阶层，政府更多的是借助智库开展公共外交，扩大政府国际影响力。本书还以团家族智库对印度人民党政府决策的影响，以及印度智库对海洋战略问题的研究为案例，具体分析了印度智库的影响渠道、特征特点和研究特色。以上述研究为基础，本书得出几点启示和结论：其一，增进中印两国智库学术交流，从侧面影响印度智库观点；其二，推动"智库外交"活动，加强中印两国民间关系认知；其三，完善中国特色新型智库建设，激发智库在政策研究、决策咨询、政策解读和评估方面的积极性和政策研究的专业性；其四，发展智库公共外交职能，开展"二轨外交"，传播中国声音，维护中国对外良好形象。

本书是教育部人文社会科学重点研究基地四川大学南亚研究所的集体成果，但与此前几部作品不同的是，本书只有两名撰稿人，周惠芳撰写本书绪论和第一至第四章，编撰参考文献清单和印度智库清单，解斐斐撰写第五章，全书由周惠芳统稿，部分内容由曾祥裕指导修改。本着实事求是的原则，本书由两名撰稿人联合署名，特此说明。

2019年11月30日

绪　论

　　本书主要考察印度智库的发展及其对外交和安全等战略事务的政府决策影响。这里首先简要界定战略的概念。"战略"一词出自希腊语"strategos"，意为"将军的指挥艺术"（the art of the general）①或"将道"。1777年，法国人梅齐乐在其所著的《战争理论》中首次使用"战略"（strategie）一词，并将其界定为"作战的指导"。"战略"由此逐渐成为西方国家通用的军事术语。而后，约米尼和克劳塞维茨在拿破仑战争军事实践的基础上重新界定了战略的概念。②克劳塞维茨认为，"战略"就是运用战斗手段以达到战争的目的。③这一界定将战略与战术彻底区分开来，但其界定的战略仍仅限于军事和战争范围内用兵作战的谋略。第二次世界大战结束后，英国战略学家利德尔·哈特最先提出并系统详尽地解释了"大战略"概念，认为大战略的任务在于协调和指导一国或多国的一切国家资源，以达到战争的政治目的。战略是"一种分配和运用军事工具以达到政治目的的艺术"。④由"战略"向"大战略"概念的延伸，说明军事手段不过是实现政治目的的手段。在

① 倪世雄、卢义民主编：《当代西方战略理论》，成都：四川人民出版社，1989年3月，第1页。
② 钮先钟：《战略研究》，桂林：广西师范大学出版社，2003年8月，第3页。
③ [德]克劳塞维茨：《战争论》，中国人民解放军军事科学院译，北京：商务印书馆，1997年，第103页。
④ [英]利德尔·哈特：《战略论》，中国人民解放军军事科学院译，北京：战士出版社，1981年，第439页。

此理论基础上，后来的战略研究者进一步明确，国家实现政治目的的手段绝非仅军事手段一种，故国家即令是在"平时"也应该拥有大战略。由此，战略的内涵继续拓展至外交、经济、文化和发展等领域，并出现诸如总体战略、国家战略、国家安全战略、国家发展战略等概念，同时也引发了大战略及其与其他战略关系问题的争论。

在对大战略与国家战略概念的界定上大致可分为两派。一派认为，大战略基本等同于国家战略。1964年《美利坚百科全书》对大战略的界定与1963年美国国防部颁布的《美国军用词典》中对国家战略的界定基本一致，即大致定义为国家战略是在平时和战时，除了使用武装力量外，发展并运用国家的政治、经济和心理力量以实现国家目标的艺术和科学。另一派则认为，国家战略与大战略在范围和方向上是相互区别的。从范围上看，一种认为国家战略范围大于大战略范围，即国家战略是国家的总体战略，而大战略只是总体战略中有关国家安全方面的战略，也即是国家安全战略；另一种认为国家战略范围小于大战略范围，即大战略是多国联盟战略，而国家战略只是独立国别战略。在方向上看，有学者认为国家战略的方向和目的是"对内"，大战略则是"对外"。[①]

本书更倾向于将国家战略界定为国家通过发展并运用综合国力以实现其政治目标的总体战略。根据博弗尔的战略金字塔理念，在总体战略之下，政治、经济、外交、军事等每一领域中都对应有一个分类战略，由相关部长负责执行。在每一领域中，各个分支活动又应制定相应的分支战略，这也是落实观念的运作战略。[②]最终形成总体战略—分类战略—运作战略三个层面的由点而线、由线而面的战略体系。

政府决策由"政府"和"决策"构成，"决策"有广义和狭义之分。广义的"决策"指发现、分析和解决问题的动态过程；狭义的"决策"则是指从多个待选方案中选出并确定执行最佳方案。以外交决策为例，一方面外交决策是一种复杂的动态过程。决策过程需要外交决策机构及其他相关各方确定明确目标、制订具体方案及对方案进行评估与调整。另一方面外交决策也是一种静态过程。即决策主体作出外交策略后形成具体外交方针政策，由外交部门进行落实，外交决策在一定程度上等

---

① 吴春秋：《广义大战略》，北京：时事出版社，1995年，第3—5页。
② [法]安德烈·博福尔：《战略绪论》，钮先钟译，海拉尔：内蒙古文化出版社，1997年，第19—20页。

同于外交政策。①本书采用广义的"决策"定义，将政府决策视为一种动态过程。

决策机构在外交和安全事务的决策过程中起着决定性作用，各方对决策机构的影响大体等同于对国家外交和安全决策的影响。影响外交和安全决策的因素既包括国际形势也包括国内因素。部分印度学者对影响政府外交决策的国内因素进行了分析，认为影响因素主要分为四个方面：一是国家一般特性。如文化传统、历史因素、社会环境、地理位置、军事实力、经济发展水平。二是政治机构。尤其是内阁、国会、外交部、总理办公室和社会压力集团。此外，新闻媒体和民间舆论也间接影响政府的外交决策。三是关键性人物。尤为突出的是总理的决定性影响作用。四是联邦体制。印度联邦主义政治体制给予地方邦、政党更多的政治自由权。②本书选取印度国内诸多政策影响因素中的智库作为研究对象，通过分析印度智库发展的历史与现状，在深入剖析印度外交和安全决策机制的基础上，探讨智库在印度政府外交和安全决策过程中的影响方式和影响限度，与此同时，追踪印度智库最新发展形势，进而为中国进行印度智库研究、开展"智库外交"、完善智库建设、发挥智库公共外交职能提供有益参考。

一、研究意义

莫迪在当选总理后不久接受《新印度》(*Naya India*) 报刊记者采访，在被问及在微观和宏观经济政策实施方面是否将借助智库之力时，莫迪称，"全体国民、国家古老遗产都是我的智库"（All my countrymen are my think tank. My centuries old legacy is my think tank）。③不论是上台后旋即撤销计划委员会，成立印度国家转型委员会（The National Institution for Transforming India Aayog）并邀请专家学者为国内改革事务出谋划策，还是在外交机构聘请智库研究人员，都反映出

① 张历历：《外交政策》，北京：世界知识出版社，2007年，第63页。
② Partha Pratim Basu, "Federalism and Foreign Policy in India—Experiences of UPA and NDA–II Regimes," *India Quarterly*, Vol. 72, No. 3, 2016, pp. 216-234.
③ Kumar Pankaj, *Mahanayak Narendra Modi*, Diamond Pocket Books Pvt Ltd, 2014.

印度智库在国家内政外交事务上的广泛参与。

之所以选择印度智库作为研究主体，首先是因为中国对智库研究的重视。2015年1月，中共中央办公厅、国务院办公厅印发《关于加强中国特色新型智库建设的意见》，一方面为中国特色新型智库建设指明了发展方向，引发了国内新一轮智库发展热潮；另一方面也推动了国内学者对海外优秀智库的研究热潮，以探讨和借鉴对方的成功因素并弥补自身体制运行中的不足，以此落实深化管理体制改革和国家高端智库建设的新要求。

其次是因为智库在中印外交往来中起着关键性作用。智库作为"二轨外交"参与主体，受到莫迪政府的重视。通过分析智库对印度外交决策的影响，可提炼出其各方面值得借鉴的优点与长处，明确印度政府对其政策意见的重视程度，增进对印度外交智库的了解，以避免在"二轨外交"中可能发生的误解与摩擦。尤其是在"一带一路"倡议推进背景下，智库作为两国民间交流的代表，对印度智库的研究与了解是促进双方有效交流的前提。

二、国内外研究现状

国内智库研究始于20世纪80年代末，研究多集中于欧美等发达国家智库，对印度智库研究不多。近年来出现有关印度财团和非政府组织对印度政府外交决策影响的研究成果，不过对智库如何影响印度政府外交和安全决策的研究鲜有关注。国外尤其是印度学界对其国内智库的研究相对成熟。

（一）国内研究

国内学者在对印度智库问题的研究中，最早以对单个智库进行叙述性介绍为主。张贵洪、冯涛的《印度主要思想库的初步考察》[①]一文介绍了印度智库的功能及特点，简要介绍了印度外交和安全领域九大知名智库的基本情况。马加力在《印度

---

① 张贵洪、冯涛：《印度主要思想库的初步考察》，载《南亚研究季刊》，2006年第4期。

对华政策的一个重要智库》①一文中简要介绍了印度中国问题研究所的研究人员、运行机制、研究范围及研究成果发布方式。楼春豪通过实地考察，对印度国防分析研究所的组织人员、研究领域和影响方式进行了详细介绍。②近年来，中国政府开始重视智库在民间交流中的积极作用，国内对印度智库的研究也更为具体化。《高水平智库：印度能源与资源研究所》③一文分析了印度能源与资源研究所的组织管理情况与十大旗舰业务，文章认为其优秀的团队领军人物、灵活的体制机制及广泛的公益效果是达到高水平智库水准的关键因素。有对印度高校智库的研究。管辉在《印度智库建设对我国高校智库的启示》④一文中指出，我国高校智库在建设过程中存在的量大质次、分布不均、影响不力和运行管理机制缺失独立性等问题，认为印度高校智库在发展中对研究成果的多样化传播渠道、注重国际合作营造国际影响力及独立化管理机制，是值得我国智库建设学习的地方。有对包括印度在内的南亚国家智库的综合性研究。2018年以来，四川大学南亚研究所课题组编著出版了"南亚智库概览"系列丛书，即《南亚智库研究》（第一辑）、《南亚智库研究》（第二辑）、《印度智库研究》和《巴基斯坦智库研究》，丛书不但详细介绍了南亚各国重点智库的发展现状，还就智库的主要研究方向、对若干重要问题的研究看法进行了专门研究。有对智库影响力及影响渠道的分析。刘蕴锋通过分析印度智库对印度外交政策的影响模式，表明智库在印度政府外交决策上具有一定的影响力。⑤刘思伟最先以印美民用核合作协议谈判为例对智库在印度政府外交决策中的作用进行了初步探讨。⑥宋海啸在《印度对外政策决策模式研究》⑦一文中归纳影响印度政府对外决策

① 马加力：《印度对华政策的一个重要智库》，载《学习时报》，2013年10月7日，第6版。
② 楼春豪：《印度军方第一战略智库——在印度国防研究与分析所访学见闻》，载《解放军报》，2012年3月12日，第9版。
③ 王立、袁芳、封颖：《高水平智库：印度能源与资源研究所》，载《中国科技资源导刊》，2016年第5期。
④ 管辉：《印度智库建设对我国高校智库的启示》，载《中国高校科技》，2016年第11期。
⑤ 刘蕴锋：《印度思想库及其对华政策主张研究》，硕士学位论文，复旦大学，2009年。
⑥ 刘思伟：《印度外交政策制定:以印美民用核合作协议谈判为例》，载《东南亚南亚研究》，2010年第2期。
⑦ 宋海啸：《印度对外政策决策模式研究》，载《南亚研究》，2011年第2期。

的变量与常量的"双螺旋"决策模式，智库作为社会政治力量的一分子被视为政府决策中的变量因素。他在《印度对外政策决策：过程与模式》①一书中对影响印度政府外交决策的相关案例进行了详细补充。李国强的《印度智库如何影响政府决策》②一文，从印度智库的资金、人员、运营方式等角度考量印度智库是如何影响政府决策的。张君瑶在《地缘政治视角：印度智库与媒体的互动关系》③一文中，从全媒体的角度系统考察了印度智库与印度媒介的互动方式和互动特点，并以地缘政治视角为切入点，对智库与媒介的互动关系与传播范式进行了案例考察，提出新兴国家智库可资借鉴的传播策略。

此外，国内对包括印度智库在内的非营利组织管理与法律制度方面的研究较为深入。周旭的《印度科研项目管理办法》④和常青的《印度科研机构的管理制度》⑤对印度国内科研机构的内外管理制度、科研项目的具体管理办法进行了分析。贾西津在《印度非营利组织及其法律制度环境考察报告》⑥中，对非营利组织所处法律环境与政府监督体系进行了考察报告。王世强在贾西津的基础上，考察了印度非营利组织的登记管理和税收体制。⑦由蓝煜昕、张潮撰写的《从印度〈外国捐赠管理法〉看涉外非政府组织管理》⑧一文中，详细列举印度《外国捐赠管理法》的立法背景及变迁，并就2011年5月1日正式颁布的《外国捐赠管理法》中有关非政府组织的管理制度设计进行了分析，认为管理法形成了以资金账户为抓手，入口监管与过程监管相结合的管理体系。

---

① 宋海啸：《印度对外政策决策：过程与模式》，北京：世界知识出版社，2011年。
② 李国强：《印度智库如何影响政府决策》，载《现代人才》，2014年第1期。
③ 张君瑶：《地缘政治视角下印度智库与媒体的互动关系》，硕士学位论文，暨南大学，2015年。
④ 周旭：《印度科研项目管理办法》，载《全球科技经济瞭望》，2005年第5期。
⑤ 常青：《印度科研机构的管理制度》，载《全球科技经济瞭望》，2006年第7期。
⑥ 贾西津：《印度非营利组织及其法律制度环境考察报告》，载《学会》，2007年第4期。
⑦ 王世强：《印度非营利组织：法律框架、登记管理和税收体制》，载《中国社会组织》，2012年第9期。
⑧ 蓝煜昕、张潮：《从印度〈外国捐赠管理法〉看涉外非政府组织管理》，载《人民论坛》，2013年第29期。

（二）国外研究

国外对印度智库的研究文献较多，具体可分为以下几个方面。

第一是对印度智库发展历程的研究。克里希纳（Neeta Krishna）对印度智库的发展进行了历史性考察，根据智库活动的社会目的将印度智库发展划分为三大阶段。[1] 尼赫鲁大学国际关系学院研究人员斯里瓦斯塔瓦（Jayati Srivastava）除了详细介绍南亚各国智库的发展历程、研究主题外，还专门指出印度智库与政府之间关系密切，政府为智库发展提供了强大的基础设施，同时又强调民主体制下智库对国家的依赖并没有削弱智库运作的独立性。[2]

第二是对印度智库政治影响力的研究。辛格（Rahul Singh）等人对80名来自学术、智库、政府、媒体及公众论坛的相关专家有关印度智库的看法进行了总结，揭示了印度智库与西方国家智库之间存在的差异与差距。在此背景下，报告对智库的定义、思想体系、研究的可信性、管理机制、资金来源及智库对政府决策是否形成影响进行了分析。[3] 另有报告介绍了印度智库的发展历史、当前所处的政治环境与政策制定以及智库在公共政策中所起的作用。研究表明，由于改策研究者与政策制定者之间相互隔绝，研究者参与决策咨询缺乏制度性安排，加之智库学者忽视与官僚机构和政治阶层建立个人联系，导致智库在政府政策制定中所起作用微乎其微，由此建议智库研究人员应当同等重视政治参与和研究调查活动。[4] 米勒（Miller）等人认为，印度智库和非政府组织缺乏接近政府的机会，加上自身发展羸弱，不易获取政府信息。因此，非政府组织和智库需要多元化的参与渠道，从而在政府政策制定过程中有所作为。[5] 莫汗（C. Raja Mohan）认为，目前印度在塑造国家外交政策

---

[1] Neeta Krishna, "A Think Tank History: A view from India," On Think Tanks, August 2014, https://onthink tanks.org/articles/what-think-tanks-do-a-view-from-india/, 2017年5月10日。

[2] Jayati Srivastaval, "Think tanks in South Asia-Analysing the Knowledge-power Interface," Overseas Development Institute, December 2011.

[3] Rahul Singh, N. N. Sharma and U. Jha, "Think Tanks, Research Influence and Public Policy in India," *Vision*, Vol. 18, No. 4, 2014, pp. 289-297.

[4] Think Tank Report, *Policy landscape and think tanks in India: Paradigms, processes and future directions*, New Delhi: Bill & Melinda Gates Foundation, 2009.

[5] Miller, Manjari Chatterjee, "India's Feeble Foreign Policy: A Would-Be Great Power Resists Its Own Rise," *Foreign Affairs*, Vol. 92, No. 3, 2013.

方面很难辨别出一个"常设机构"，反而是在一个非正式的网络中，由政府内外一小群活跃分子领导着政府外交政策。[①]此外，不论是在独立前还是独立后，印度国内关于外交政策的讨论均未达成普遍共识，致使在政治决策者、学者及公众之间未能构建有效的外交政策网络。20世纪90年代以来媒体对外交政策的影响不断加深，以及商界、地方势力的相继崛起，多方因素均在一定程度上影响了印度外交政策。莫汗以为，为了实现印度大国地位的梦想，有必要构建一个联通政府决策机构与外部学者、精英等各方势力的外交政策网络，实现印度安全部门的改革、国际关系研究的升级、智库的现代化以及媒体的全球化。这对于创建一个有效的"外交政策软件"是必要的。[②]马尔基（Daniel Markey）认为，制约印度制定科学长远的外交政策的因素在于：外交部门规模小、遴选程序不健全、中等职业培训不足并忽视外部专业知识；印度智库缺乏相关信息资源和高质量政策研究人才；印度公立大学在外交领域教育资源不足，无法培养高质量人才；印度媒体和私有企业在向公众普及外交知识上没有发挥应有的作用。[③]麦德卡尔夫（Rory Medcalf）认为，智库在塑造印度外交和安全政策的影响上远远小于其他"民主"国家。不过相较于智库，研究人员个人对政府外交和安全政策的影响更大。[④]巴鲁（Sanjaya Baru）认为，相较于国际关系和战略事务领域的智库建设，政府领导人更乐于资助建立经济政策方面的智库。印度政府并未形成系统的外交智库参与机制，智库信息获取渠道和影响渠道受到双重制约，由此极大地削弱了智库对印度外交和安全决策的影响力。[⑤]巴特纳加尔（Stuti Bhatnagar）采用权力话语体系的理论分析框架，分析印巴智库在克什米

① C. Raja Mohan, "The Making of Indian Foreign Policy: The Role of Scholarship and Public Opinion," *ISAS Working Paper*, July 2009.
② C.Raja Mohan, "The Re-making of Indian Foreign Policy: Ending the Marginalization of International Relations Community," *International Studies*, Vol. 46, No.1—2, 2010, pp. 147—163.
③ Daniel Markey, "Developing India's Foreign Policy 'Software'," *Asia Policy*, Vol. 8, No. 8, 2009, pp.73—96.
④ Amitabh Mattoo, Rory Medcalf, "Think-Tanks and Universities," in David M. Malone, C. Raja Mohan and Srinath Raghavan (eds.), *The Oxford Handbook of Indian Foreign Policy*, Oxford: Oxford University Press, July 2015.
⑤ Sanjaya Baru, "Can Indian Think Tanks and Research Institutions Cope with the Rising Demand of Foreign and Security Policy Research?" *ISAS Working Paper*, No. 67, 2009.

尔问题上的影响作用，凸显出印度智库在创造外交和安全政策话语上发挥的重要推力。①拉斐尔·汗（Raphaëlle Khan）认为，当前印度外交智库对印度外交活动的参与度越来越高，资金和信息获取渠道更为宽广，智库与政府之间的权力关系变得模糊。莫迪政府对民族主义色彩浓厚的智库的重视为印度政府外交政策增添了民族主义色彩。②

第三是对印度智库生存困境的研究。印度国内多数学者从资金方面分析了印度智库生存的窘境。赛莱斯廷（Avinash Celestine）讨论了印度智库自身筹款能力存在短板及智库研究缺乏独立性的问题。赛莱斯廷的文章认为，国内企业不愿支持国内智库是因为对智库研究水平存有质疑和研究内容于己无益所致。③巴鲁指出，印度国内大企业更倾向于资助印度教育事业与国外智库，因此，相较于国内政府或非政府资金支援，印度非政府智库和研究机构更依赖易于获取的外部资金。④雷迪（Prashant Reddy）强调智库在获取外国资金援助上缺乏透明度。而智库享有税收豁免权进一步壮大和便利了外国资金支持，其中不排除智库成为外部势力在印度国内从事政治目的的"代理人"的可能。⑤针对这一现象，库德莱（Cordelia Jenkins）强调，智库在接受外国资金时，必须依照《外国捐赠管理法》的相关规定获取政府审批。为防止智库成为政党或外国团体的"喉舌"，认为政府资助才是智库生存的

---

①Stuti Bhatnagar, "Indian Think Tanks and their Influence on Foreign Policy," *ISA Global South Caucus Singapore 2015: Call for Proposals*, 2015.

② Raphaëlle Khan, Patrick Köllner, "Foreign Policy Think Tanks in India: New Actors, Divergent Profiles," *GIGA Focus Asia*, February 2018, https://www.giga-hamburg.de/en/publication/foreign-policy-think-tanks-in-india-new-actors-divergent-profiles, 2018年3月13日。

③Avinash Celestine, "Why India's Think-Tank Community Fails in Raising Funds From Indian Entrepreneurs," *The Economic Times*, April 8, 2012, https://economictimes.indiatimes.com/news/company/corporate-trends/why-indias-think-tank-community-fails-in-raising-funds-from-indian-entrepreneurs/articleshow/12572201.cms, 2017年5月13日。

④Sanjaya Baru, "Indian Minds, Foreign Funds-Governmental Bureaucratism and Niggardly Corporates Drive Think Tanks Abroad For Funds," *Business Standard*, January 21, 2013, http://www.business-standard.com /ar article/opinion/sanjaya-baru-indian-minds-foreign-funds-110080900083_1.html, 2017年5月20日。

⑤Prashant Reddy, "Foreign Funding of NGOs," *Open Magazine*, March 2, 2013, http://www.openthemazagine.com/article/business/foreign-funding-of-ngos, 2017年5月23日。

理想状态。[1]贾拉利（Cordelia Jalalir）在叙述了印度政府审查非政府组织外国资金流动数据的国家立法实践后,认为国内相关立法能有效控制外国和国内行为者之间的跨国联系。[2]

综上所述,学者们运用历史学、国际关系学和政治学等学科研究方法,对印度智库进行了阐述。笔者认为目前中国国内外的印度智库研究领域仍存在以下几个问题：其一,在印度智库内容研究上,侧重于对其发展历史、运行机制、政治影响力、生存状况、政府管控等方面的大范围分析,个案研究较少。研究多集中在单个面向,综合性、全面性研究不多。其二,在研究内容的时效性方面,结合最新的时事进行分析研究的文章不多。其三,在研究方法方面,存在研究方法比较单一,缺少整体与对比分析相结合的问题。

三、研究方法与创新

本书将采用文献研究法、定性与定量结合研究法和案例分析法,对与印度智库相关的文献、新闻报道、网络时评等信息资源进行整理分析,以作为印度智库研究的理论支撑。

具体来说,通过采用文献研究法查阅国内外相关文献资料,分析比较其主要观点和结论,提取与印度智库研究相关的重要信息。通过采用定性与定量结合研究法,首先以定性研究对问题进行基础分析,然后通过对搜集到的相关数据、资料进行逻辑分析。文章在探讨印度智库发展现状的内容中,将采用该方法对印度智库的分布情况、研究人员组织情况、资金来源状况进行分析。通过采用案例分析法,列举既往发生的事件,以验证本书观点。

---

[1]Cordelia Jenkins, "Philanthropic funds take different route," *LiveMint*, August 20, 2013, https://www.live mint.com/Companies/RFVtI9uFQFU91w8iWkyokM/ Philanthropic-funds-take-different-route.html, 2017年5月13日。
[2]Rita Jalali, "International Funding of NGOs in India: Bringing the State Back in," *International Journal of Voluntary and Nonprofit Organizations*, Vol. 19, No. 2, 2008, pp.161-188.

就印度智库的选题而言，国内专门系统阐述的著作和论文相对较少。此外，在有关影响政府外交决策的社会政治力量的文献资料中，并未区分智库与财团及其他非政府组织在影响政府决策上的影响途径和影响效能的不同。本书从政府外交和安全战略决策的主要机构入手，探析智库对这些机构的影响途径，并通过案例分析的形式，剖析智库在影响政府外交和安全决策上的主要特征和限制因素，以对智库在政府外交和安全决策上所起的作用有较为深入的了解。本书的创新之处在于系统地阐述了印度智库发展的历史和现状，剖析印度智库对政府外交和安全决策的影响，以及莫迪总理执政后印度智库发展的新形势，据此表明智库在外交活动场域中的重要性和智库研究的必要性。

第一章

印度智库发展的历史与现状

　　印度智库的初创可追溯至英印殖民时期。1947年印度独立后，印度智库经历了与外界合作、隔离到再次交往的起承转合的演变过程，智库呈井喷式发展，研究领域也不断扩大，研究内容更为专业化。据美国宾夕法尼亚大学智库与民间团体研究项目组发布的《2018年全球智库报告》（*2018 Global Go To Think Tank Index Report*）统计显示，印度智库总量位居亚洲第一、全球第二，[①]成为发展中国家智库发展最早、规模最大、影响最广的国家。本章拟对印度智库的概念、类别、发展源流、当前发展状况及主流智库进行简要分析。

第一节 智库概念及分类

　　智库，又称思想库、智囊团、顾问班子，由英文"Think Tank"转换得来。"智库"一词最早出现于第二次世界大战期间的美国，特指为专业军事人员和专家策士集中讨论制订军事战略和作战计划的保密室。到了20世纪60

[①] James G. McGann, 2018 Global Go To Think Tank Index Report, Philadelphia PA USA: University of Pennsylvania, February 2019, p. 36.

年代，"智库"在政策分析的英美话语体系中确立地位，被用于描述全部英语世界的独立研究机构。[①]

一、智库的界定

由于各个国家在政治体制、宪法构架、政治文化、历史境遇等方面的不同，学者们无法在"智库"的定义上达成统一共识。

戴安娜·斯通（Diane Stone）认为，智库是"相对独立于政府、政党和压力集团的，从事当前政策研究和分析的机构"。[②]阿贝尔森（Abelson）认为，智库是"由关心广泛公共政策问题的人组成的独立、非营利性组织"。[③]瑞奇（Andrew Rich）着重强调智库的政治本质，认为智库是"独立的、中立的、非营利性的，以生产专业知识和思想观点为基础获取资助及影响政策过程的研究机构"。[④]麦克甘纳(McGann)认为"智库是独立于政府、利益集团及政党等力量的具有相对自治性的政策研究机构"。[⑤]对"智库"概念的界定有意无意间影响了对智库的评判范围。譬如，在斯通、瑞奇的界定下，隶属于政府的研究机构不能被纳入智库范畴，但是在阿贝尔森的概念中就可以被视为智库。此外，在如何界定智库"独立性"的问题上，由于不同智库在思想、财务、机构运作上的独立性不同，对这方面的界定也往往因时、因地、因人而异。针对"智库"概念界定上存在的不足，德国汉堡大学政治科学系教授帕瑞克·克勒纳简明扼要的将智库定义为：以政策研究与分析为基础，以对公共政策（或是公司事务）的影响为目标的研究机构。在此定义之下，详述智库应当具备不同的规模，独立运作或是与政府、基金会、

① [英]戴安娜·斯通：《政策分析机构的三大神话——回收箱、垃圾箱还是智库？》，唐磊译，载《国外社会科学》，2014年第3期。

② Diane Stone, "Think Tanks," in N. J. Smelser and P. B. Baltes (eds.), *International Encyclopedia of the Social & Behavioral Sciences*, Oxford: Elsevier, 2001, pp. 15668—15671.

③ Donald E. Abelson, *American Think-Tanks and Their Role in US Foreign Policy*, New York: St. Martin's Press, 1996, p. 21.

④ Andrew Rich, Think tanks, *public policy, and the politics of expertise*, Cambridge, UK: Cambridge University Press, 2004.

⑤ James G. McGann, R Kent Weaver (eds.), *Think Tanks and Civil Societies: Catalysts for Ideas and Actions*, New Brunswick and London: Transaction Publishers, 2005.

大学、政党等保持业务联系，研究人员来源多样且实行雇员制、专注于特定的或是某一范围的政策研究，资助来源多样，通过多种渠道影响公共政策等特质。[①]哈特维希等人认为智库定义的"非营利性"掩盖了智库开展活动的动因，及由于被委托进行策划或是通过各种渠道获得相关项目资金，以壮大智库力量的事实。因此，认为应当将"非营利性"改为"财务自治"，即通过尽可能多的渠道获得项目资金或基本运营资金，以确保其运营不致依赖于任何一位赞助人或是受制于合同约束听命于一家委托机构。[②]虽然在"智库"的限定性条件上各有不同，但是学者们多认为智库具有从事政策研究、以影响政府政策为目标、独立等基本特质。

德里大学经济发展研究所所长潘达（Manoj Panda）称，印度智库一般都是政府或者半官方的机构，具有一定的独立性。[③]考虑到印度政府对国内社会科学研究机构的管理情况和印度智库的发展现状，笔者将智库定义为：以政策研究与分析为基础、以直接或间接影响政府决策为目标、独立运行的非营利性研究机构。

二、智库的分类

在智库分类问题上，存在着不同的划分标准。依照智库的规模，可分为大、中、小型智库；依照智库研究领域，可划分为综合型和专业型智库；依照智库的政治倾向，可分为左倾、右倾、中立型智库；按照机构隶属关系，可划分为官方、半官方、民间、大学隶属型和企业隶属型智库。另外，也可以依照智库资金主要来源进行划分。本书拟以印度智库的隶属关系为依据，将其分为官方智库、半官方智库、独立智库、企业隶属智库、高校隶属智库和政党关联智库这六大类别。

一是官方智库。即印度中央政府和邦政府所属智库。如印度国家转型委员会、科学与工业委员会（Council of Scientific & Industrial Research）、

① [德]帕瑞克·克勒纳：《智库概念界定和评价排名：亟待探求的命题》，韩万渠译，载《中国行政管理》，2014年第5期。
② [英]哈特维希·波伊茨：《重审智库现象》，王演兵译，载《国外社会科学》，2014年第3期。
③ 上海社会科学院智库研究中心：《12国智库经验谈：独立、开放、全球化》，2014年7月8日，http://www.pjzgzk.org.cn/c/57.htm，2018年1月24日。

印度社会科学研究理事会（Indian Council of Social Science Research）等。

二是半官方智库。即接受政府资助或者与政府部门对口的智库。由官方独家注资，智库研究成果向官方汇报，但不属于政府政治结构的一部分。如国防分析研究所（Institute for Defence Studies and Analyses）由印度国防部拨款运作；印度世界事务委员会（Indian Council of World Affairs）由印度外交部提供全部资助；印度三军协会（The United Service Institution of India）和国家海洋基金会（National Maritime Foundation）具有深厚的官方背景。

三是高校隶属智库。大学在从事教育之余，也从事相关领域的研究工作，如尼赫鲁大学国际关系学院（School of International Studies, Jawaharlal Nehru University）。

四是企业隶属智库。即由国内外私有企业、商业组织和个人出资成立的智库。如信实工业有限公司创办的观察家研究基金会（Observer Research Foundation）、塔塔集团创立的能源与资源研究所（Energy and Resources Institute）、阿南塔·阿斯彭中心（Ananta Aspen Centre）、国家应用经济研究理事会（National Council of Applied Economic Research）。

五是政党关联智库，既指正式隶属于某一政党的智库，也包括政治上明显倾向某一政党的智库。如印度基金会（India Foundation）和公共政策研究中心（Public Policy Research Centre）有着印度人民党支持背景，贾瓦哈拉尔·尼赫鲁纪念信托基金（Jawaharlal Nehru Memorial Trust）和甘地研究基金会（Gandhi Research Foundation）等智库有着国大党支持底色。[1]这里要强调的是，一些智库一再声称自己的独立性，还有些智库并不直接隶属于某个政党，而是隶属于一些与政党关系密切的社会组织，如以印度国民志愿服务团（Rashtriya Swayamsevak Sangh）为核心的团家族智库，形式上并不隶属于印度人民党，甚至也不直接隶属于国民志愿服务团，[2]但其与印度人民党在思想上乃至组织上的密切联系是无可否认的。为了分析的简便，本书也将其称为政党关联智库。

六是独立智库。由杰出精英组成、资金来源渠道多样的私人非营利智

---

① Jayati Srivastaval, "Think tanks in South Asia-Analysing the Knowledge-power Interface," Overseas Development Institute, December 2011.

② 详情参见本书第四章。

库。如政策研究中心（Centre for Policy Research）、发展替代〔Development Alternatives）、科学环境中心（Centre for Science and Environment）等。[1]

第二节 印度智库的发展历程

1870年，英印政府军需官查尔斯·麦克格雷格（Charles Mac Gregor）将军在西姆拉设立印度三军协会，专门从事国家安全和国防研究，[2]该机构是印度历史最为悠久的智库。此后，直到20世纪30年代，印度才零星出现新的智库。因此，笔者将印度智库的建设起点设定在20世纪30年代，并将此后80余年的发展历程划分为以下四个阶段。

一、20世纪30年代至40年代

20世纪30年代，这一时期接受西方教育的印度本土精英阶层萌生独立意识，争取民族独立的积极主动性不断提高。[3]印度智库随之应运而生，成为印度本土精英追求社会变革与独立运动的交流与集合机构。为争取印度独立，印度民族主义知识分子于1943年成立印度世界事务委员会，以国际关系和外交事务为研究对象，推动印度与其他国家的联系。

彼时英国为了便于对印度的治理，以创建智库来服务英殖民政府为要旨，设立智库对印度经济、政治、社会文化、教育等方面进行研究。在英殖民时期创建的智库包括于1930年成立的政治经济学研究所（Institute of Politics and Economics），该智库也是南亚次大陆最早建立的智库。次年又成立印度统计研究所（Indian Statistical Institute）。1936年，多拉吉·塔塔

① Rahul Singh, N. N. Sharma and U. Jha, "Think Tanks, Research Influence and Public Policy in India," *Vision*, Vol.18, No. 4, 2014, pp. 289—297.
② The United Service Institution of India, https://usiofindia.org/usi-history/, 2019年11月17日。
③ 何宇飞：《中印两国非营利部门的比较：一个初步的探索》，载《华东理工大学学报（社会科学版）》，2016年第3期。

社会工作研究院（Sir Dorabji Tata Graduate School of Social Work）成立，负责社会教育和社会现象研究，该研究院于1944年更名为塔塔社会科学研究所（Tata Institute of Social Sciences）。[①]

总的来说，这一时期印度的智库发展以英印殖民政府为主导，通过公共政策研究，为殖民当局管理提供专业政策建议。与此同时，本土知识分子在争取印度独立的运动过程中开始觉醒，通过智库笼络专业人才，构建对外联系网络。

二、20世纪40年代末至60年代末

1947年印度独立后，意识到要为研究国际事务创造必要的专业知识和基础设施，尼赫鲁积极支持民间团体倡议，政府协助建立了若干国际关系和外交战略研究机构。在印度世界事务委员会中，聚集了一批知识分子、政府官僚、专家学者、商人和记者，企图建立一个松散的外交政策机构。1955年，时任印度副总统拉达克里希南（Sarvepalli Radhakrishnanh）组织成立印度国际研究院（Indian School of International Studies），成为未来几十年国际学术研究的主要来源。[②]20世纪60年代中期，由国防部资助成立国防分析研究所等研究机构，为政府、专家学者等人员研究各国的军事、战略、国际关系等议题提供了研究场所和交流平台。除了新德里之外，包括加尔各答、孟买、钦奈和斋浦尔都是重要的研究和出版活动中心。虽然尼赫鲁执政期间外交决策权为其一人所独揽，但是这一时期印度精英在世界事务上的思想活力是不容置疑的。[③]

不同于外交决策，尼赫鲁乐于向经济研究领域专家伸出援手，并协助成立大量研究机构。如印度著名的统计学家马哈拉诺比斯（P. C. Mahalanobis）

---

① Jayati Srivastaval, "Think tanks in South Asia-Analysing the Knowledge-power Interface," Overseas Development Institute, December 2011.
② 1970年并入尼赫鲁大学。详细信息见M.S. Rajan, "Golden Jubilee of the School of International Studies: An Assessment," *International Studies*, Vol. 42, No. 3-4, 2005, pp. 195-204.
③ C. Raja Mohan, "The Re-making of Indian Foreign Policy: Ending the Marginalization of International Relations Community," *International Studies, Vol.* 46, No. 1-2, 2010, pp. 147-163.

不但是印度计划委员会的领袖人物，还是印度统计研究所的创始人。他与尼赫鲁关系密切，在制定印度"二五计划"方案中发挥了重要作用。同为印度计划委员会成员的拉吉（K. N. Raj）也组织成立了德里经济学院（Delhi School of Economics）。1956年，印度政府又参与资助了国家应用经济研究理事会（National Council of Applied Economics Research）和经济增长研究所（Institute of Economic Growth）。研究机构聚集了一批专业和独立的经济学者，为政府提供经济政策参考。由政府在资金、数据、研究规划等方面提供支持，印度全国各地大学也相继成立了经济学研究机构。这一时期，经济学家以"经济顾问"的身份出入政府部门，除了计划委员会和印度储备银行外，联邦政府财政、商业、工业和农业部门也聘请了专业的经济学家。

三、20世纪60年代末至80年代末

1969年，印度社会科学研究理事会成立。此后，印度社会科学研究理事会联合地方邦政府，共同资助地方智库建设。通过这种援助方式，在印度国内先后成立27所智库。[1]

英迪拉·甘地在任期间，在外交上积极向苏联靠拢，左意识形态领域向国内左翼势力倾斜，国内外交政策言论渐趋单调。1976年颁布《外国捐赠管理法》（*Foreign Contributions Regulatory Act*），竭力限制外国资本流入。在此背景下，外交智库研究领域受到意识形态和运营资金的双重限制。一方面，研究领域以印度政府与苏联确定的"政治正确"的优先项目为主，忽视了诸如对美国、中国等国家的研究，使得研究领域极大缩水、研究自由受到限制。另一方面，《外国捐赠管理法》限制了国内研究的外国资金援助，大学拨款委员会（University Grants Commission）和印度社会科学研究理事会成为智库研究的唯一资金来源，造成智库的独立性和批判性研究空间缺失。[2]

拉吉夫·甘地上台后，继续开展绿色革命，推动农业的多样化经营

[1] Jayati Srivastaval, "Think tanks in South Asia-Analysing the Knowledge-power Interface," Overseas Development Institute, December 2011.
[2] C. Raja Mohan, "The Re-making of Indian Foreign Policy: Ending the Marginalization of International Relations Community," *International Studies, Vol.* 46, No. 1-2, 2010, pp. 147-163.

与产业化生产。此外，开始提高对非政府组织的财政支持。"七五计划"
（1986—1990）明确要求在具体的政府计划中引入"以行动为导向的智库"
（Action-Based Think Tanks），以作为政府计划执行的中介。政府投入15
亿印度卢比于反贫困与最低需求项目（Minimum Needs Program）。[①]在此期
间，包括社区发展、环境、教育、公共卫生和人权等各个领域的非政府组织
得到发展。与此同时，涌现出许多综合性智库，采取跨学科的研究方法，研
究妇女问题、消费者权利、体制改革、权力下放与地方治理等问题。

此外，在20世纪70年代和80年代，更多的智库开始致力于环境治理与
可持续性发展等社会管理和综合治理研究。其中包括1983年于新德里成立的
发展替代、1980年成立的科学环境中心、塔塔集团支持下于1974年在新德里
成立的能源研究所等。研究机构致力于可持续利用自然资源、改善灌溉、水
权、水资源管理、保护生物多样性、气候变化及能源等各个方面。

四、20世纪90年代初至今

1991年，拉奥就任总理，着力取消对国内私营企业的半管制体制，大力
支持国内私有企业的发展。同时一改往届政府实行进口替代方针的内向型经
济政策，放宽进口、鼓励出口，最终将印度带入市场化、全球化、自由化的
国际经济体系之中。[②]自此，印度越来越主动地参与国际事务，密切与外部
世界的联系。在有关内政和外交政策的制定上，也越来越受到媒体、地方政
府、商界、非政府组织和智库等主体力量的掣肘。总体而言，这一时期智库
发展具有以下特点。

第一，智库援助款项来源多样化。20世纪90年代的自由化和私有化政
策，重新启动了国内私人捐助者和国际机构进入印度并影响印度国内思想领
域的大门。包括联合国、国际基金会和国外政府等主体继续以提供援助资
金和项目合作的形式支持各种印度智库。另外，在经济自由化和全球化背
景下，印度开始作为崛起大国活跃于国际舞台。由于经济和政治问题相互关

---

① Jayati Srivastaval, "Think tanks in South Asia-Analysing the Knowledge-power
Interface," Overseas Development Institute, December 2011.
② 林承节：《印度近二十年的发展历程：从拉吉夫·甘地执政到曼莫汉·辛格政府的
建立》，北京：北京大学出版社，2012年，第121页。

联，自20世纪90年代起，印度本土利益集团也开始资助智库的活动，以获取专业性指导并利用智库影响政府政策。譬如，安巴尼财团于1990年支持成立观察家研究基金会；美国阿斯彭研究所（Aspen Centre）和印度工业联合会（The Confederation of Indian Industry）合作成立阿南塔·阿斯彭中心；由马辛德拉集团、苏司兰能源和TVS汽车公司等知名公司支持，于2011年在孟买成立梵门阁（Gateway House: Indian Council on Global Relations）。

第二，研究领域多元化，研究范围扩大化。一是国内经济研究扩展到国际商贸研究。如2005年于新德里成立的贸易与发展中心（Centre for Trade and Development）及国际贸易、经济与环境中心（Centre for International Trade, Economics & Environment）。二是研究空间由印度本土问题研究扩展到区域、国际事务研究。如1992年于德里成立的德里政策集团（Delhi Policy Group）即旨在研究国家政治经济、和平、冲突、治理和科技等问题；1990年成立的当代研究中心（Centre for Contemporary Studies）则从印度视角对现代历史、发展、世界经济和政治变化趋势进行研究。涉及国际问题研究的，如1990年在新德里成立的以中国为主要研究对象的中国研究所（Institute of Chinese Studies）；以南亚区域安全、内部安全为研究主体的和平与冲突研究所（Institute of Peace and Conflict Studies）。三是印度高级军事将领开始组建专家智库，展开防务相关的研究。如在2001年至2002年间，退役空军准将辛格（Jasjit Singh）创建空中力量研究中心（Centre for Air Power Studies）；2004年，前陆军副参谋长欧贝奥依中将（Vijay Oberoi）成立陆战研究中心（Centre for Land Warfare Studies）；2005年，国防部长普拉纳布·慕克吉（Pranab Mukherjee）为全国海事基金会（National Maritime Foundation）揭幕，就涉及印度海事安全利益的问题进行研究，以加强各方海上问题对话，制定政策建议，塑造舆论并影响国家安全精英。

第三，政党关联智库涌现。20世纪80年代末，国大党一党独大的政党体系走向末路。因宗教分歧、种姓分裂和种族与文化差异，使得印度人民党、阿卡利党等宗教特性浓厚的政党，以种姓认同为基础发起政治动员的大众社会党以及因种族和文化差异形成的德拉维达进步联盟、国民会议党等地方政党地位上升。①地区性和全国性政党日渐壮大，为争取和扩大自身影响力，政党关联智库作为生产、包装和宣扬政策思想的场域大量涌现，其发展形式与研究领域也愈加多样化与专门化。②据报道称，1990年至2014年之间，在印度人民党或是国民志愿服务团（RSS）的支持下，在新德里至少建立了8所智库。其中包括辩喜国际基金会、印度基金会、国家综合安全论坛（Forum for Integrated National Security）、慕吉克研究基金会（Dr Syama Prasad Mookerjee Research Foundation）、印度政策基金会（India Policy Foundation）、战略与安全研究论坛（Forum for Strategic and Security Studies）、政策研究中心（Centre for Policy Studies）和公共政策研究中心（Public Policy Research Centre）。③虽然难以确认其在政策研究方面是否具有右翼倾向，但不可否认的是，上述智库多数涉及公共政策研究。随着莫迪总理的上台，其中部分智库在外交领域发挥着越来越重要的作用。

此外，虽然印度多数智库自称为非党派智库，但是许多以国家领导人冠名注册的国家基金会和信托基金会，表面上是为了巩固其思想遗产，实质是想通过政策研究和组织活动来影响公共政策。如甘地和平基金会（Gandhi Peace Foundation）、贾瓦哈拉尔·尼赫鲁纪念信托基金、英迪拉·甘地国家基金会（Indira Gandhi National Foundation）和印度政策基金会（India Policy Foundation）。上述智库多以国大党政治领袖冠名，通过政府拨款由政治领袖或有关家庭成员领导运营。④由此可见，"遗产型"智库又兼具党派色彩。

第四，智库的国际化趋势显著。布鲁金斯学会和卡内基国际和平基金会先后于2013年和2016年设立印度中心。这些国际智库的印度分支具备独立法

---

① 陈金英：《社会结构与政党制度：印度独大型政党制度的演变》，上海：世纪出版集团，2010年，第53—68页。

② Rita Jalali, "International Funding of NGOs in India: Bringing the State Back in," *International Journal of Voluntary and Nonprofit Organizations*, Vol. 19, No. 2, 2008, pp. 161—188.

③ Charu Kartikeya, "8 RSS Think Tanks that are Competing for Intellectual Space in Delhi," *Catch News*, August 28, 2015, http://www.catchnews.com/india-news/eight-rss-think-tanks-that-are-competing-for-the-intellectual-space-144070 3010.htht, 2018年3月13日。

④ Jayati Srivastaval, "Think tanks in South Asia-Analysing the Knowledge-power Interface," Overseas Development Institute, December 2011.

人地位，其创始成员和研究人员多为印度人。此外，印度本土智库常与海外智库开展项目合作和联合举办国际论坛会议。譬如，国防分析研究所与国外智库签署40多份合作谅解备忘录，开展项目合作研究。[①]印度三军协会与日本国际问题研究所（The Japan Institute of International Affairs）等机构建立双边互动关系，定期筹办研讨会和国际会议。[②]

总而言之，受时代发展影响，印度智库经历了由从政府主导到以政府为主体、由政策研究到政治倡议的发展过程，以及在研究领域和研究范围上由小到大和由浅入深的研究过程。印度政府与智库的关系、接触面向更为紧密，智库发展在很大程度上仍有赖于国家的支持。

第三节 印度智库的发展现状

以下就从智库的组织结构、研究人员构造、资金来源、财务状况这四个方面，分析当前印度智库的发展面貌及其面临的问题。

一、组织结构

印度多数智库在组织结构上表现为分布集中、规模小、管理机制不健全。智库分布具有明显的集聚效应，因新德里更易于接近权力机构及其在基础设施和人力资源上的优势，致使印度智库多设立于首都新德里。如在国际关系研究领域，截至2013年，登记在册的研究所和智库共计65所，其中36所分布于新德里。[③]此外，因智库经费短缺，智库规模难以扩大，使得印度智库

---

① Arvind Gupta, "IDSA's Interface with Policy," *Strategic Anaiysis*, Vol. 39, No. 5, 2015, pp. 566−571.

② 邹正鑫："印度三军研究所"，四川大学南亚研究所课题组：《南亚智库研究》（第一辑），北京：时事出版社，2018年，第51页。该书使用的是"印度三军研究所"的称呼，经征求项目组意见，本书改用"印度三军协会"的译法。

③ Sanjaya Baru, "Indian minds, foreign funds," *Business Standard*, January 21, 2013, http://www.business−standard.com/article/opinion/sanjaya−baru−incian−minds−foreign−funds−110080900083_1.html, 2018年2月1日。

的整体规模不大，以中、小型智库居多。另据1860年《社团登记法》规定，凡是由7人及其以上人数组成的组织均需前往政府登记，非营利组织的管理阶层应当由理事会、董事会及其他机构组成。[①]不过受资金、人员限制，许多智库并未设置完善、系统的管理运作机制。譬如，2011年成立的中国分析及策略中心（Centre for China Analysis & Strategy）人员总数仅6人。[②]智库组织不健全不但不利于笼络人才，还对系统性研究和政策观念传播造成不便，进而使智库影响力度大打折扣。

二、研究人员

在人员构成上，研究人员来源广泛，但"中层"研究人员不足的中空构架使许多智库难以承担研究重担。印度智库研究人员多由名校博士研究生、实战经验丰富的研究人员、退休官员和外国访问学者这四类人员组成。[③]从当前印度智库研究人员的构成来看，较具影响力的智库里通常政府退休官员人数占比较重。在此情况下，形成以退休官员或国防、军事人员为政治研究顶层，初级研究人员或青年学者为底层研究层，由老年人与青年人所组成的中空研究架构，缺乏经验丰富或知识渊博的"中层"知识分子这一承上启下的领导力量。[④]研究团队中间断层现象，极大地影响了项目研究水准。与此同时，虽然声名显赫的退休官员可以提高智库政策分析的能力，不过也容易出现固步自封、面对多变的环境不愿轻易作出改变的现象，致使其难以提出新的政策建议。[⑤]

此外，智库研究人员流动性大，研究人员代际继递意识薄弱。近年来智库研究人员尤其是智库主要负责人之间频繁横向流动和身兼数所智库职位的

[①] Sampradaan Indian Centre for Philanthropy, *A Review of Charities Administration in India*, New Delhi, 2004.
[②] 资料来源：http://www.ccasindia.org/faculty.php，2018年4月15日。
[③] 李国强：《印度智库如何影响政府决策》，载《现代人才》，2014年第1期。
[④] Sanjaya Baru, "Can Indian Think Tanks and Research Institutions Cope with the Rising Demand of Foreign and Security Policy Research? " *ISAS Working Paper*, No. 67, 2009.
[⑤] Amitabh Mattoo, Rory Medcalf, "Think-Tanks and Universities," in David M. Malone, C. Raja Mohan and Srinath Raghavan(eds.), *The Oxford Handbook of Indian Foreign Policy*, Oxford: Oxford University Press, July 2015.

现象显著。譬如中国分析及策略中心主任拉纳德（Jayadev Ranade），兼任印度世界事务委员会中国核心小组成员、和平与冲突研究所研究员和空中力量研究中心研究员。[①]同时还担任慕吉克研究基金会顾问委员会顾问。[②]慕吉克研究基金会另一顾问委员会顾问巴贾吉（J.K. Bajaj）兼任政策学习中心主任。[③]慕吉克研究基金会负责人甘古力（Anirban Ganguly）曾担任辩喜国际基金会研究员。辩喜国际基金会主任古普塔（Arvind Gupta）曾于2012年至2014年担任国防分析研究所所长。印度基金会14位主任中，瓦德瓦（Chandra Wadhwa）曾于2007年至2008年担任印度世界事务委员会总裁；班萨尔（Alok Bansal）曾担任全国海事基金会执行主任，早年曾与国防分析研究所和陆战研究中心开展合作；科塔克（Dhruv C. Katoch）在2014年11月加入基金会前担任陆战研究中心主任。[④]研究人员的交叉流动密切了智库间往来关系，钩织出一张紧密结合的政策研究精英网络，智库之间也易于形成趋同的舆论氛围。

三、资金运作

印度智库在资金运作上严重依赖外国和印度政府援助，不利于智库的独立性研究。与此同时，政府对智库的资金管制，进一步限制了智库的活动空间。

智库的非营利性决定了其生存运营需仰仗外部资金援助。印度智库在运营中独立性不足，难以摆脱依附于或在一定程度上依赖于政府或企业资助的发展窠臼。印度独立以来，计划委员会、印度社会科学研究理事会、大学拨款委员会及地方政府等主体通过提供赠款（初始资金、建筑用地、建筑基金、捐赠资金等）和委托项目等方式创建并支持智库运作。国际资助也是印度智库资金来源的主要渠道。诸如世界银行和亚洲开发银行等多边金融机构，美国国务院和英国国际发展部（Department For International Development）等外国政府机构，比尔和梅琳达·盖茨基金会（Bill & Melinda

---

① 资料来源：http://www.ccasindia.org/jayadeva.php，2018年4月10日。
② 资料来源：http://www.spmrf.org/advisory-council/#，2018年4月10日。
③ Ibid.
④ 资料来源：http://www.indiafoundation.in/directors/，2018年4月10日。

Gates Foundation）、詹姆斯·麦卡锡基金会（James McCarthy Foundation）等私人基金会以及加拿大国际发展研究中心（International Development Research Centre）等机构均是支持印度智库发展的资金源头。[1]智库倚重外部资金在便于扩大研究领域同时也面临着为资金所驱使从事"政治目的"性研究活动的风险。[2]有虑及此，印度政府对大量外国援助资金向来秉持既欢迎又质疑的矛盾态度。一方面，接受外来资金可以促进智库的发展与学术研究；另一方面，又担心外国援助者通过资金援助达到不可告人的"政治目的"而使智库活动脱离政府控制。因此，印度政府于1976年出台且监管《外国捐赠管理法》，并于1984年和2011年又进行了两次修订，形成了以资金账户为抓手的实质性监管，限制了外国资金的接受对象与资金使用范围。[3]最为民间组织所不满的是《管理法》的第十四条规定，即"中央政府在做出认为合理的查询后，可以取消社团证书"。[4]因该条规定的模糊性，使得政府管理可操控空间大，智库安全得不到保障。此外，从印度政府对非政府组织接受外国资金支持管理的整个发展轨迹来看，政府对资金来源的管理越来越严格，资金审查过程也越来越严苛。

四、财务状况

印度智库财务状况不明朗，致使智库信誉度不足。印度智库财务透明状况一直为国际调查研究组织所诟病。根据非营利组织Transparify提供的全球主要智库财务透明度评级数据显示，2016年南亚地区总体表现欠佳。尽管印度号称世界最大的民主国家，印度许多著名政策研究机构仍然达不到全球智

---

① 加拿大国际发展研究中心于2008年推行智库项目的多方捐助方案，援助清单中列出14所南亚地区智库，其中印度占8所。详细信息见http://www.thinktankinitiative.org/news/14-think-tanks-south-asia-receive-tti-phase-2-funding，2018年2月1日。
② Rahul Singh, N. N. Sharma and U. Jha, "Think Tanks, Research Influence and Public Policy in India," *Vision*, Vol. 18, No. 4, 2014, pp. 289-297.
③ 蓝煜昕、张潮：《从印度〈外国捐赠管理法〉看涉外非政府组织管理》，载《人民论坛》，2013年第29期。
④ Ministry of Law and Justice (India), *The Foreign Contribution (Regulation) Act*, 2010, New Delhi, September 2011, pp. 11, https://www.fcraonline.nic.in/home/index.aspx，2018年2月5日。

库财政透明度标准。①财政透明标准达标的仅有政策研究中心、科技技术与政治研究中心、市民社会中心、观察家研究基金会及能源与资源研究所。其中政策研究中心被视为南亚地区智库财政状况高度透明的标榜，是印度国内智库中唯一获得五星的智库，其余四大智库均获得两星。德里政策集团被列于高度不透明榜单之中。②

2011年，印度政府新修《外国捐赠管理法》，明文规定智库对资金流的公布程序，以便于政府、民众的有效监督。虽然相较于法案修订之前有所改善，但是就全球智库透明度报告结果来看，印度智库的财务透明状况仍不容乐观。③智库财政的透明状况直接影响着智库本身的信誉，倘若智库资金收入和支出账目不明朗，不但会导致援助者资助兴趣大减，而且也容易引发政府的质疑。

第四节 印度主流外交和安全政策智库简介

据《2018年全球智库报告》统计显示，在除去美国之外的全球智库排名

---

① 全球智库财务透明度标准：财务透明度被划分为五星、四星、三星、二星、一星和零星这6个等级。五星属于高度透明，表示智库官网上列出了所有捐助者和明确公布特定项目的资金来源。四星属于广泛透明，表示智库官网上列出了所有超过5000美元的捐助者的4个以上的精确资金数目，匿名捐助者不超过捐助总数的15％。三星表示智库官网上列出全部或大部分捐助者大致的捐赠范围，不提供明确的捐款数目。二星表示智库官网上列出所有或多数捐助者，但很少或不公布财务信息。一星表示智库官网上列出了部分捐助者，但并不详尽系统。零星属于高度不透明，表示智库官网上无法获取智库财务相关信息。详细信息见 *Transparify, How Transparent are Think Tanks about Who Funds Them 2016?*, June 2016, p. 14, http://www.internationalaffairs.org.au/wp-content/uploads/2016/07/Transparify-2016-Think-Tanks-Report.pdf, 2018年2月5日。
② *Transparify, How Transparent are Think Tanks about Who Funds Them 2016?*, June 29, 2016, p.14, http://www.internationalaffairs.org.au/wp-content/uploads/2016/07/Transparify-2016-Think-Tanks-Report.pdf, 2018年3月13日。
③ Ahona Ghosh, "Philanthropy: Indians Give Just 1.5—3% of their Annual Incomes," *Economic Times*, July 8, 2011, https://www.mendeley.com/research-papers/philanthropy-indians-give-just-153-annual-incomes/, 2018年2月10日。

中，印度有11大智库位列全球前150名之中，其中包括国防分析研究所、观察家研究基金会、印度国际经济关系研究委员会(Indian Council for Research on International Economic Relations)、民间团体研究中心(Centre for Civil Society)、能源与资源研究所、布鲁金斯学会印度中心（Brookings India）、钦奈中国研究中心（Chennai Centre for China Studies）、梵门阁、印度三军协会、辩喜国际基金会和陆战研究中心。①此外，国防分析研究所、观察家研究基金会、印度三军协会均位列全球最佳防务与国家安全智库及最佳外交政策与国际事务智库榜单之中。②虽然排名的参考标准有待商榷，不过多所智库排名靠前的情况表明印度智库具有一定的国际知名度。

以下参照印度智库排名及近年来智库自身发展情况选取几所从事外交和安全研究的典型智库进行简要介绍。选择范围侧重影响力，兼顾半官方、企业、政党隶属和独立智库等各种类型。

一、国防分析研究所

国防分析研究所成立于1965年11月，是印度战略和安全研究领域最重要的智库，主要从事防务与战略问题研究。研究所创始人包括时任国防部长恰范（Y. B. Chavan）、内阁秘书维拉（Dharam Vira）、印度公共行政学院院长科斯拉（J. N. Khosla）、政府秘书潘迪特（A. D. Pandit）、总理秘书吉哈（L.K Jha）、国防秘书拉奥（P. V. R. Rao）及苏布拉马尼亚姆（K. Subrahmany- am）等政府官员。③研究所由国防部和外交部联合资助，年度报告提交议会。由执行委员会（Executive Committee）领导，委员会主席由国防部长担任，研究成员多为学术界、武装部队和文官部门人员。当前研究所研究人员和行政人员共计90名。④原研究所所长古普塔因2014年被任命为副国家安全顾问，现由前驻日本大使齐湛（Sujan R. Chinoy）担任所长一职。

① James G. McGann, 2018 Global Go To Think Tank Index Report, Philadelphia PA USA: University of Pennsylvania, 2019, pp. 55-60.
② James G. McGann, 2018 Global Go To Think Tank Index Report, Philadelphia PA USA: University of Pennsylvania, 2019, pp. 110, 113, 131, 134.
③ K. Subrahmanyam, "IDSA in Retrospect," *Strategic Analysis*, Vol. 35, No. 4, 2011.
④ 曾祥裕："国防分析研究所"，四川大学南亚研究所课题组：《南亚智库研究》（第一辑），北京：时事出版社，2018年，第12页。

　　研究所共设有13个研究中心，^①重点研究区域涵盖了南亚、东亚、俄罗斯-中亚、西亚、非洲、欧洲和美洲，主要研究军事事务、非传统安全、大规模杀伤性武器、恐怖主义和国际安全等议题。同时，该智库还对来自不同部门的高级政府官员提供培训和进修课程。研究所的《战略分析》(*Strategic Analysis*)（双月刊）、《防务研究期刊》(*Journal of Defence Studies*)（季刊）、《化学与生物武器杂志》(*CBW Magazine*)（半年刊）、《非洲走向》(*Africa Trends*)（季刊）是学界重要的学术刊物。^②每周的研究员研讨会（The Weekly Fellows' Seminar）和每年举办一次的亚洲安全会议（Asian Security Conference）、南亚会议（South Asia Conference）和西亚会议（West Asia Conference）也颇具影响力。^③

二、观察家研究基金会

　　观察家研究基金会由信实工业有限公司总裁迪鲁拜·安巴尼（Dhirubhai Ambani）资助，1990年于新德里宣告成立。2002年、2004年先后在钦奈、孟买、加尔各答设立分部。目前由桑贾伊·乔希（Sunjoy Joshi）担任基金会主席，研究人员、研究顾问及行政人员共计80人，大多具有海外学习和研究经历，其中研究人员多为退休或退役的政府、议会、法院和军事高官。基金会是一家以"为全球化的印度建立合作伙伴"为宗旨，以分析印度面临的政策挑战并设计有效政策回应为己任的非营利、多学科的公共政策智库。^④整体运营灵活高效，是印度较具影响力的综合性智库。

　　基金会在发展的前10年里，侧重于国内经济问题研究，积极影响和参与印度经济改革。自2000年以来，研究领域不断扩大，包括经济发展、全球治理、国家安全、战略研究、社会改革、气候、能源、资源管理、网络安全等，均属于其研究范围。此外，基金会还将发展视野朝向海外，将80%的工作集中于涉外研究，大力推动印度声音参与全球讨论，为国内外交流提供包

① 资料来源：http://idsa.in/researchcentres，2018年2月10日。
② 资料来源：https://idsa.in/journals，2018年2月10日。
③ 资料来源：https://idsa.in/fellowseminar, https://idsa.in/conferences，2018年2月10日。
④ 郑驭：《印度观察家研究基金会:评估他国政策促成新研究》，载《中国社会科学报》，2013年12月20日，第A03版。

容性平台。①一是通过项目合作、联合举办会议及签署谅解备忘录的方式，与国内外智库展开短期和长期合作。如与英国《全球政策期刊》（*Global Policy Journal*）联合出版*GP-ORF SERIES*期刊、与德国布塞留斯时代基金会联合举办亚洲全球治理论坛（Asian Forum on Global Governance）、与美国传统基金会联合出版《印美互联网治理与网络安全合作》（*Indo-US cooperation on Internet Governance & Cybersecu- rity*）报告等。二是通过政府提供专项资金，承担项目研究和举办论坛会议。譬如，通过获取外交部专项资金，从事金砖国家与气候问题研究，与外交部联合举办瑞辛纳对话（Raisina Dialogue）这一全球性会议。由印度议会支持，举办ORF Kaplana Chawla年度空间政策对话（ORF Kaplana Chawla Annual Space Policy Dialogue）。三是作为印度智库代表参与金砖五国智库理事会活动，与外国政府和智库开展"一点五轨"和"二轨"对话。

除却上述瑞辛纳对话、亚洲全球治理论坛外，目前基金会举办的较具影响力的区域性、全球性会议有金砖国际论坛（ORF BRCIS Forum）和印度网络安全与互联网治理会议（CyFy: The India Conference on Cyber Security and Internet Governance）。此外，基金会还承担了大量课题研究，成果颇丰。②

三、政策研究中心

政策研究中心成立于1973年，是一个非营利、无党派的独立智库，由亚米尼·艾亚尔（Yamini Aiyar）担任中心主任。与其他智库不同的是，政策研究中心是印度社会科学研究理事会所认可的社会科学研究机构，兼具智库和研究机构的属性。中心聚集了一大批经验丰富、囊括各领域的政策研究人员、行政管理人员以及专家学者。

政策研究中心当前研究涉及五大主题：环境法和环境治理、国际关系与安全法律、法规与国家、城市化、经济政策。其中，在气候变化政策、外交和安全政策研究领域，研究水平尤为突出。在外交安全研究领域，从核战

---

① Prashant Jha, "India's most influential think-tanks," *Hindustan Times*, August 16, 2015, https://www.hindustantimes.com/india/india-s-most-influential-think-tanks/story-emb0db2lmqltL8pKeYuZiL.html, 2018年2月10日。

② 资料来源：http://www.orfonline.org，2018年2月10日。

略、军事历史到跨境水资源共享和印度边界问题的研究均有涉及。近期出版的作品包括《印度的战争：南亚现代化（1939—1945）》（*India's War: The Making of Modern South Asia, 1939—1945*）和《印度与世界：地缘经济与外交政策论文集》（*India and the World: Essays on Geoeconomics and Foreign Policy*）等。

在对外活动方面，政策研究中心与中国、美国、澳大利亚等国家智库就城镇化、农业问题等方面开展学术交流和项目合作。此外，作为印度智库代表，曾参与印-中-美三边对话和中印双边对话等"二轨"交流活动。

四、辩喜国际基金会

辩喜国际基金会成立于2009年。创始董事兼基金会主任阿吉特·多瓦尔（Ajit Doval）原系情报局官员，现任印度国家安全顾问。2017年10月，由原国防分析研究所所长古普塔担任基金会主任。基金会行政委员会、咨询委员会和研究人员多为前军事将领、外交秘书、外交大使和情报局官员等高层官员。虽然基金会对外宣称其属于"独立的""非政治"智库，但其主要资金来源辩喜中心（Vivekananda Kendra）隶属于国民志愿服务团（Rashtriya Swayamsevak Sangh），且基金会管理层多在国民志愿服务团担任要职，因此外界普遍认为辩喜国际基金会与印度人民党及莫迪政府有密切合作。莫迪上台执政以来，先后任命N·米什拉（Nripendra Misra）担任印度总理办公室首席秘书、P.K.米什拉（P.K. Mishra）为辅秘。2015年在印度政府戒立的改造印度国家研究院中，萨拉斯瓦特（Vijay Kumar Saraswat）、德布罗（Bibek Debroy）作为专业人士被政府提拔参与政策研究活动，帕纳格里亚（Arvind Panagariya）任副主席，坎特（Amitabh Kant）任首席执行官。[1]这些人员均来自辩喜国际基金会。莫迪政府的器重使得辩喜国际基金会成为时下印度国内最受关注的智库之一。

辩喜国际基金会的研究活动，主要围绕国际关系、国防安全、战略政

---

[1] Pravin, "the New Naukri.com for Modi Government," Vivekananda International Foundation, December 29, 2016, http://www.ayupp.com/myindia/vivekananda-international-foundation-the-new-naukri-com-for-modi-government-14829.html, 2018年2月11日。

策、经济问题、社会治理、历史文化以及网络安全等领域展开。此外，基金会通过与中国、美国、俄罗斯、德国、加拿大、日本、孟加拉国、伊朗等国家的智库、研究机构和大学开展项目合作和对话交流，参与国内和国际会议，开展"一点五轨"对话、"二轨"对话等，与政府官员、学者交换意见。①

五、印度基金会

印度基金会于2009年成立，自称为"一家专注于印度政治、挑战和机遇的独立研究中心"。不过，从基金会董事会成员来看，2018年，由商工部部长普拉布（Suresh Prabhu）、国防部长西塔拉曼（Nirmala Sitharaman）、财政国务部长辛哈（Jayant Sinha）、国会议员和印度人民党首席发言人阿克巴（MJ Akbar）、印度人民党全国总书记瓦拉纳西（Ram Madhav Varanasi）和现任国家安全顾问阿吉特·多瓦尔（Ajit Doval）的儿子肖拉亚·多瓦尔（Shaurya Doval）组成的董事会成员，②在个人身份上呈现出政府官员、政党派别和智库人员三种角色重叠的现象，使印度基金会笼罩着浓厚的政党智库色彩。

印度基金会内设安全与策略中心、宗教与社会研究中心、宪法与法律研究中心以及软实力中心，致力于国家安全、国际关系、社会问题、宗教文化、政治政策及法律和宪法研究。研究成果多见于其内设刊物《印度基金会期刊》（India Foundation Journal）（月刊）和《怒火》（Aakrosh）（季刊）。诸如反恐会议（Counter Terrorism Conference）、印度经济峰会（India Economic Summit）、印度洋会议（Indian Ocean Conference）、国际佛法会议（International Dharma-Dhamma Conference）、印度创意会议（India Ideas Conclave）和青年思想者见面会（Young Thinkers' Meet）等会议，是印度基金会的旗舰会议。除了多方论坛之外，印度基金会频繁邀请政要官员参与闭门圆桌会议，或是与外国智库展开"二轨"对话。③

---

① Vivekananda International Foundation , Annual Report 2016–17, http://www.vifindia.org/sites/default/files/ VIF-Annual-Report-2016 –17.pdf, 2018年2月11日。
② 资料来源：http://www.indiafoundation.in/directors/，2018年2月11日。
③ Ibid.

--- 第二章 ---

智库对印度政府外交和安全决策的影响

有关智库对政府决策影响机制研究的范式中，多元理论（Pluralist Theory）政治流派认为，政府的政策是社会中为数众多的利益集团之间相互斗争的产物，即政策是政府权衡各种利益集团的利益和要求的结果。[①]利益集团包括了智库、非政府组织、财团等在内的具有共同目标的个人为影响公共政策而结成的团体。智库可以通过专家意见来影响政策。精英理论（Elite Theory）范式则认为，政府政策由少数有权势的社会精英决定。这些精英包括了政治精英、经济精英、军事精英、媒体记者、律师、基金会组织者、智库负责人及高校的董事。[②]在精英理论框架下，智库不但能定期与政治精英互动，在构建国家权力机构上也发挥着一定的影响。[③]综合多元理论和精英理论，可以肯定智库在政府政策决策过程中的影响作用，智库本身虽不直接掌握权力，但可通过影响政策决策层和其他社会行为体来实现其影响力。

本章首先分析印度外交和安全决策机制及各大决策机构的决策地位，随后分析智库对影响印度外交和安全决策行为体的方式和途径。

---

① Robert Alan. Dahl, *Pluralist Democracy in the United States: Conflict and Consent, Rand McNally*, 1967.

② Thomas R. Dye, *Who's Running America? The Conservative Years*, Englewood Cliffs, N. J. : Prentice– Hall, 1986.

③ [加]唐纳德·E.埃布尔森：《国会的理论：智库和美国的外交政策》，李刚、黄松菲、丁炫凯、马逸凡等译，南京：南京大学出版社，2017年，第109页。

第一节 印度外交和安全决策机制

　　外交和安全决策是团体性决策行为，虽属于国家行政决策的一部分，但也受到国家政治生活中各社会团体的影响。[①]在印度，包括内阁和总理办公室、国家安全委员会、国会、相关行政部门（外交部、国防部、内政部、商工部等）、政策利益集团、海外侨胞、媒体与公共舆论，均对印度的外交和安全政策制定过程中产生直接或间接的影响。

　　依照政策制定的"投入-产出"理论模型，印度外交和安全政策制定过程主要分为三阶段，即信息和数据的收集，对信息和数据进行处理、评估和分析，以及政策的抉择、实施和反馈。以印度对外政策的形成过程为例。第一阶段是通过外交部门、情报部门、国防机构对媒体报道、智库和学者观点、国会意见、在野党等开放资源进行搜集整理。第二阶段是由外交部门、情报部门、国防机构等筛选出基于外交政策目标的资料进行分析评估。在编制分析报告后，各机构和组织将报告及其有价值的意见与建议转交给政府或决策机构，供其作出最终决定。第三阶段由印度决策机构作出最终决断，并在实施过程中追踪政策实施情况，依据反馈情况对政策进行必要修正。总的说来，参与印度外交决策的核心机构包括总理及总理办公室、内阁、国家安全委员会和外交部下属的政策规划研究司。在印度对外政策的决策过程中，由总理、内阁、外交部、情报部门和国防机构构成直接决策团体，间接决策团体则由国会、在野党、智库、新闻媒体和公民所组成。

---

① 张历历：《外交政策》，北京：世界知识出版社，2007年，第56—61页。

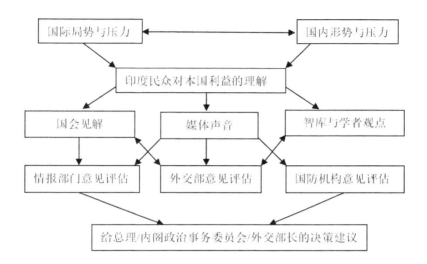

印度对外政策形成图

资料来源：马缨：《当代印度外交》，上海：上海世纪出版集团，2007年，第237页。

一、印度外交和安全决策机制的形成

印度建国之初，并未及时建立制度化、系统化的国家安全决策机制。在外交决策模式上多以应急处理为主，长远计划和统筹规划意识薄弱。自独立建国至1962年，印度的国家安全事务均由总理领导的内阁国防委员会统筹处理。委员会由国防部长、外交部长、内政部长、财政部长、海军参谋长、陆军参谋长和空军参谋长组成。下设情报和咨询机构因协调不足、效率低下，往往难以作出正确的超前判断或提出妥善解决问题的方案，不时延误最佳应对时机，陷国家于被动。加之尼赫鲁较为专断的作风，常常枉顾内阁国防委员会的意见，独自决定事关国家安危的重大决策。[1]因此，这一时期的内阁国防委员会形同虚设，其国家安全决策权力微乎其微。

---

[1] 吴永年、赵干城、马缨：《21世纪印度外交新论》，上海：上海译文出版社，2004年，第80—83页。

1962年的中印边界战争暴露出印度安全防务管理方面政府缺乏战略思维的缺陷，印度国内提议建立国家安全委员会作为战略研究的政府隶属智库。然而这一主张并未得到当局的认可。[1]印度政府通过改组内阁国防委员会为内阁紧急委员会，负责处理军事、外交事务并制订为期5年的国防计划，以弥补对外决策长效性和规范性不足、遇事盲目和独断的短板。1968年，国防分析研究所所长苏布拉马尼亚姆首次将国家安全委员会建设框架提交行政改革委员会国防研究小组（Study Team on Defence of the Administrative Reforms Commission），敦促政府吸收外部研究人员参与国家防务研究。[2]1970年，国防研究小组参照苏布拉马尼亚姆的组织框架提交建立国家安全规划委员会（National Security Planning Council）和跨党派国防委员会（All-Party National Defence Council）的提案未获得政府采纳。[3]与此同时，总理及总理办公室不断强化自身权力。1976年，英迪拉·甘地将内阁紧急委员会扩大为内阁政治事务委员会（Cabinet Committee on Political Affairs），负责统筹、协调和处理印度重大内政外交事务。此外，还成立由政府文官组成的国防计划小组，下设国防计划局和联合情报委员会，负责组织国家安全工作。内阁政治事务委员会和国防计划小组的设立，为印度外交决策的正确性提供了一定的制度保障。不过，由于这一时期印度对外决策仍未完全摆脱总理个人主义的影响，上述机构并未完全发挥其应有的作用。[4]

印度国内有关建立国家安全委员会的提议并未就此作罢，拉吉夫·甘地执政时期（1984—1989），印度国内曾对国家安全委员会的组织机构和法律地位等内容展开讨论。[5]时任国防部长潘特（K. C. Pant）于1988年曾委派查利（P. R. Chari）草拟国防安全委员会组织构架草案并对其可行性进行分析，不过研究草案未能为印度政府所采纳。维·普·辛格（V. P. Singh）1990年

① D. Shyam Babu, "India's National Security Council: Stuck in the Cradle?" *Security Dialogue*, Vol. 34, No. 2, 2003, pp. 215−230.

② K. Subrahmanyam, "IDSA in Retrospect," *Strategic Analysis*, Vol. 35, No. 4, 2011.

③ Administrative Reforms Commission, *Administrative Reforms Commission and Its Work*: *A Brief Survey*, New Delhi: Ministry of Home Affairs, 1970, pp. 47−49.

④ 吴永年、赵干城、马缨：《21世纪印度外交新论》，上海：上海译文出版社，2004年，第83页。

⑤ P. R.Chari, "India's Nuclear Doctrine: Confused Ambitions," *Nonproliferation Review*, Vol. 7, No. 3, 2000, pp. 123−135.

任总理后建立国家安全委员会，下设战略核心小组（Strategic Core Group of Bureaucrats）、秘书处和国家安全顾问委员会。国家安全委员会于是年10月首次召开会议，但辛格政府很快因议会不信任投票匆忙下台，新任总理拉奥（Naramsinha Rao）上台后关闭国家安全委员会。1998年印度人民党大选获胜，瓦杰帕伊上台执政后于11月兑现竞选纲领中成立国家安全委员会的承诺。1999年的卡吉尔冲突暴露了印度政府在部门协调、技术能力、情报收集等方面存在的问题，印度内阁于7月启动政府内部审查。2001年，由内政部长领导的部长小组向内阁安全委员会提交了包括苏布拉马尼亚姆领导的卡吉尔冲突评估委员会提议在内的国家安全管理体系变革建议并获批准。[1]至此，印度正式设立国家安全委员会，一个集体化、制度化的国家安全决策体制才渐次确立。

二、外交和安全决策机构及其决策地位

2014年莫迪上任以来，对国家安全决策机制进行了两次大的调整。第一次是2014年12月改组国家安全委员会。决定国家安全委员会由总理领导，内政部长、国防部长、外交部长和财政部长为委员会成员，国家安全顾问任委员会秘书。国家安全委员会由三级结构组成，即第一层级为战略政策小组；第二层级为国家安全顾问委员会；第三层为国家安全委员会秘书处。战略政策小组由内阁秘书领导，在国家安全顾问委员会和国家安全委员会秘书处的智力支持下，负责部际协调工作并整合制定国家安全政策。[2]第二次是2017年至2018年中，在对国家安全机构进行全面审查后，于2018年10月基本确立新的机构改革方案。这也是自2001年印度国家安全管理体系变革之后，时隔18年的第二次全面机构改革。此次改革包括另任命两名副国家安全顾问和一

① TEAM SNI, "Re-energising India's National Security Structures," *Strategic News International*, April 22, 2019, https://sniwire.com/2019/04/22/re-energising-indias-national-security-structures/, 2019年11月16日。

② Government of India, Ministry of Home Affairs, "National Policy on Security," December 16, 2014, https://pib.gov.in/newsite/PrintRelease.aspx?relid=113430, 2019年11月17日。

名军事顾问；重组战略政策小组；成立国防计划委员会等。①下图所示为当前印度国家安全决策机构的组织关系。

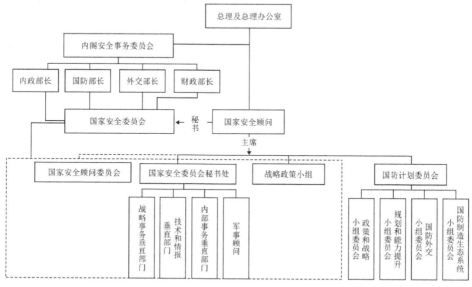

印度国家安全决策机构关系图

印度实行议会民主制，总理和内阁主导着外交和安全政策的制定。②国家安全委员会、外交部、内政部、国防部也为政策提案提供了必要的投入，不过，这四大决策机构在外交和安全决策过程中更侧重于政策分析和政策执行。

（一）总理及总理办公室

印度总理既是议会多数党领袖，又是部长会议的首脑，这种特殊地位使其成为印度政治生活中的中心人物。印度国内所有重要政策问题都需提交总理办公室，由总理办公室掌管外交和安全政策的最终决定权和监督政策执行权。目前，总理办公室由首席秘书、国家安全顾问、总理首席辅秘、1位总理秘书、2位副秘书、5位联合秘书、公共关系官、信息官等资深官僚和专家组

① Nitin A. Gokhale, "Major Revamp of India's National Security Architecture," Bharat Shakti, October 9, 2018,https://bharatshakti.in/major-revamp-of-indias-national-security-architecture/, 2019年11月17日。
② 马缨：《当代印度外交》，上海：上海世纪出版集团，2007年，第234页。

成，协助总理进行各种行政和协调活动。[①]

尼赫鲁去世后，先后有9位总理兼任外交部长。[②]国家安全委员会成立后，国家安全顾问作为总理办公室成员并依托国家安全委员会，可轻易在各外交与安全部门间开展跨部门工作，也便于在外交和安全事务上向总理提供必要的建议。因此，总理办公室在印度的外交政策决策中发挥着重要作用。正如苏布拉马尼亚姆所言："不结盟战略、发展与苏联的密切关系、核试验、战略武器计划、经济自由化和全球化以及权力均衡都是尼赫鲁、英迪拉（·甘地）、拉吉夫（·甘地）、拉奥、瓦杰帕伊和辛格总理的个人举措。倘若这些举措取得成功，则将成为既定的国家政策。"[③]

（二）内阁政治事务委员会和内阁安全事务委员会

印度内阁政治事务委员会由总理领导，内政部长、外交部长、财政部长、国防部长、交通运输部长、铁路和煤炭部长、食品加工部长、重工业和公共企业部长、消费事务部长、化学农业部长、通讯与信息技术部长、民航部长及健康家庭福利部长这13位部长组成。[④]作为政府的最高决策机构，内阁的首要任务是批准新的政策建议并监督其实施。从集体性方面来看，内阁政治事务委员会是印度阐述对外政策的最高权威，[⑤]也是最高军事决策机构。[⑥]内阁安全事务委员会由总理、内政部长、外交部长、财政部长和国防部长组成，[⑦]是印度国家安全事务的最高决策机构。

---

① Prime Minister of India, List of Officers (PMO), March 2018, http://www.pmindia. gov.in/en/list-officer-pmo/, 2018年4月3日。

② David M. Malone, C. Raja Mohan and Srinath Raghavan (eds.), *The Oxford Handbook of Indian Foreign Policy*, Oxford: Oxford University Press, July 2015, p. 273.

③ K. Subrahmanyam, "Forget the Consensus," *Times of India*, 29 November, 2007, http://timesofindia.indiatim es.com/Forget_About_Consensus/articleshow/2579487. cms, 2018年3月13日。

④ Cabinet Secretariat (Government of India), https://cabsec.gov.in/shownewpdf. php?type=cabinetcommittees &id=1285&special, 2018年4月6日。

⑤ 马缨：《当代印度外交》，上海：上海世纪出版集团，2007年，第234页。

⑥ 朱昌利主编：《当代印度》，昆明：云南大学出版社，2016年，第248页。

⑦ Cabinet Secretariat (Government of India), https://cabsec.gov.in/shownewpdf. php?type=cabinetcommittees &id=1285&special, 2018年4月15日。

（三）相关行政部门

在印度行政部门中，直接介入外交和安全政策制定的主要为外交部、内政部和国防部。这三大部门的部长均是内阁政治事务委员会、内阁安全事务委员会以及国家安全委员会成员，是印度外交和安全战略政策的核心决策层。

1.外交部

外交部于1966年建立政策规划评估司（Policy Planning Review Division，1977年改为政策规划研究司），负责制定中长期外交政策并向外交部提供相关信息和问题见解。同时成立的政策规划与评估委员会（Policy Planning and Review Committee）则对政策规划研究司的规划方案进行监督、评估、修改和指导。

政策规划研究司和政策规划与评估委员会的工作性质决定了其与外交部的各个部门、情报部门及其他部门多有联系。1969年，受国大党内政治斗争影响的英·甘地开始总揽内政外交大权，政策规划研究司自此丧失外交政策制定权。[①]研究司本身运作上也存在极大不足。一方面，外交部门权责不清，内部纷争不断，团队组织涣散，进而弱化了政策制定的统一性。另一方面，外交部内也不存在寻找外部专家的激励机制，致使因在相关领域缺乏专业性研究人员而无法制订科学的战略计划。[②]有人甚至戏称"在外交部中，政策规划研究司被隐藏在阴暗的角落里"。[③]因此，外交部往往被限制于提出政策建议、政策执行、高层互访和处理日常行政事务之中。

2.内政部

印度内政部主要负责国内安全和民政事务管理。具体职责包括国内安全管理、边境管理、处理央地关系、联邦领土管理、中央后备警察部队管理、灾害管理等。为维护公共秩序、确保国内安全，内政部持续开展国内安全

---

① KP Saksena, "India's Foreign Policy: The Decision Making Process," *International Studies*, Vol. 33, No. 10, 1996, pp. 391-405.

② David M. Malone, C. Raja Mohan and Srinath Raghavan (eds.), *The Oxford Handbook of Indian Foreign Policy*, Oxford: Oxford University Press, July 2015.

③ BagchiIndrani, "Tharoor Plans to Revive MEA's Policy Planning," *Times of India*, September 21, 2009,https://timesofindia.indiatimes.com/india/Tharoor-plans-to-revive-MEAs-policy-planning/articleshow/5035735.cms, 2018年3月5日。

局势监测、情报收集分析、向地方政府提供人力财力和技术支持等工作。目前，印度内政部下设立边境管理局，内部安全局，查谟、克什米尔和拉达克事务局，内务局（Department of Home），官方语言局及邦事务局。[①]

由内政部管辖的准军事力量种类较多。准军事力量平时负责执行边防巡逻、情报搜集和内卫治安任务，战时则作为辅助力量配属正规部队执行作战任务。目前，由内政部管辖的准军事力量包括中央后备警察部队、中央工业安全部队、边境安全部队、印藏边境警察部队、印度边界巡逻队（Sashastra Seema Bal）和阿萨姆步枪队等。截至2019年3月，印度中央后备警察部队计324824人，主要部署在东部毛派游击队控制地区参加清剿行动；边境安全部队263905人，主要驻扎在印巴边界、印孟边界及印巴克什米尔实控线地区；印藏边境警察89437人，主要部署在中印边界争议地区，负责争议地区巡逻以及与其余边境部队协调；印度边界巡逻队79441人，负责印尼、印不边境地区防卫；阿萨姆步枪队65143人，主要负责东北各邦的治安任务，其中大量兵力驻扎在中印边境地区。[②]

3.国防部

印度国防部由文职官员领导，具有全面的军事行政权与军令权。[③]国防部的首要职责是执行政府有关国防与安全事务的政策指示，有效协调各军种总部、军种协作组织、生产和研发组织。[④]政府决策经国防部下达三军参谋部贯彻执行，国防费用和军队的武器、装备及物资通过国防部进行分配和调拨。印度国防部下辖国防局、国防生产局、国防研发局和退役军人福利局。其中，国防局负责处理综合防务参谋部、三军、各类军种组织的事务，也负责制定国防预算、国防政策、联外防务合作及其他与国防有关的协调工作。国防生产局负责处理国防生产、物资进口、设备和配件国产化、规划管理兵工厂委员会和国防公共部门事业部门（DPSUs）等。国防研发部负责向政府提供军事装备和后勤管理的科学性咨询意见，并为部队所需装备制定研究、

---

① Ministry of Home Affairs (India), https://www.mha.gov.in/about-us/about-the-ministry，2019年11月17日。

② Ministry of Home Affairs (India), Annual Report 2018—19, pp. 122, 125, 129, 131, 135.

③ 黄心川主编：《南亚大辞典》，成都：四川人民出版社，1998年，第467页。

④ Ministry of Defence (India), https://mod.gov.in/about--ministry，2019年11月17日。

设计和开发计划。

2018年机构改革后，国防部内新设立了国防航天局、国防网络局，以及部际协调机构国防计划委员会。该委员会由国家安全顾问担任主席，委员会成员包括陆海空三军参谋长、国防秘书、外交秘书、财政部支出事务秘书以及综合防务参谋部参谋长，后者同时担任委员会秘书。综合防务参谋部被指定为委员会的秘书处，秘书处内设置了四个小组委员会，分别负责政策和战略、规划和能力提升、国防外交、国防制造生态系统工作。国防计划委员会的职责分为两个方面。其一，分析和评估国防计划相关事务，具体包括国防安全优先事项、外交政策要务、相关战略和安全理论、国防采购和基础设施长期综合发展计划、国防技术和国防工业发展等；其二，至少制定并提交五套草案，即国家安全战略、战略防务评估和军事理论、国际防务参与战略、国防制造业生态系统规划、国防出口促进战略及武装部队能力提升计划。国防计划委员会报告最终提交国防部长。[1]由此可知，委员会设立的目的在于协调国家安全需求与国防资源的关系，对国防事务进行综合全面规划。

（四）国家安全委员会

根据最新机构调整，印度国家安全委员会由总理领导，内政部长、国防部长、外交部长和财政部长为委员会成员，国家安全顾问任委员会秘书。国家安全委员会下设战略政策小组、国家安全顾问委员会、国家安全委员会秘书处三级机构。战略政策小组和国家安全委员会秘书处均由国家安全顾问领导。战略政策小组成员包括改造印度国家研究院副主席、内阁秘书、各军种参谋长、外交秘书、内政秘书、财政秘书、国防秘书等18人，主要负责长期战略研究，在制定国家安全政策时由内阁秘书开展部际协调和政策整合工作。[2]国家安全委员会秘书处目前设立四大垂直部门，战略事务、技术和情报、内部事务等三大垂直部门分别由三位副国家安全顾问领导，另设有军事

① Laxman Kumar Behera, "Creation of Defence Planning Committee: A Step towards Credible Defence Preparedness," *IDSA Comment*, April 19, 2018, https://idsa.in/idsacomments/creation-of-defence-planning-committee-lkbehera-190418，2019年11月17日。
② Government of India, "National Security Secretariat," September 11, 2018, http://egazette.nic.in/WriteRead Data/2018/190593.pdf，2019年11月17日。

顾问。战略事务垂直部门负责追踪国际事务和海事问题；技术和情报垂直部门负责为情报、民用和军事领域引进最新技术，填补可能影响国家安全的技术空白；内部事务垂直部门主要关注印控克什米尔、东北地区、反恐、中印实控线的军事评估、印度边境地区基础设施建设等情报信息；军事顾问侧重于关注印度邻国军事发展和印度战略中的国防需求问题，以为国家安全政策的制定提供军事视角。避免侵犯相关职能部门的管辖权；各垂直部门职责定位为秘书处，具体负责方案选择与分析、提供政策建议和组织协调决策的执行工作。国家安全顾问委员会组织成员大致控制在11人之内，[1]主要由退休政府官员、退役军队高官以及在外交安全、内部安全、战略、国防、经济以及科技等各领域的专家组成，顾问专家由总理任命，任期两年。顾问委员会成员和议题依照时局发展的需要而定，每月召开例行会议，负责为国家安全委员会提供长远、前瞻性的战略决策分析及危机应对方案与建议。此外，国家安全顾问委员会还可应国家安全委员会要求，进行个案剖析和政策方案研究。[2]

自1998年国家安全委员会建立以来，其实质影响并不大。维·普·辛格总理1990年提议以美国国家安全委员会为蓝本建立国家安全委员会，但其后出任印度总理的拉奥却于1995年表示国家安全委员会不适用于议会制而更适合总统制，[3]认为设立一个独立机构来解决争端并由其统一协调不同机构的工作，将导致不必要的工作重复和司法管辖冲突，因为国家安全委员会的职能已由印度最高执行机构内阁安全委员会所包揽。[4]因此，在他看来印度政府并不需要设立国家安全委员会。

和平与冲突研究所负责人查利（P. R. Chari）在1998年国家安全委员会建立之初便称，匆忙建立的国家安全委员会一方面是为了缓解全球对印度缺

① TEAM SNI, "Re-energising India's National Security Structures," *Strategic News International*, April 22, 2019, https://sniwire.com/2019/04/22/re-energising-indias-national-security-structures/，2019年11月16日。

② 张历历：《外交政策》，北京：世界知识出版社，2007年，第442页。

③ *Lok Sabha Debates: Tenth Lok Sabha* (New Delhi: Lok Sabha Secretariat, 1995), 16 May, 1995, Cols. 290-304.

④ Siddharth Varadarajan, "It's strategic culture that counts," *The Hindu*, 22 January, 2010, https://www.thehindu.com/opinion/columns/siddharth-varadarajan/Itrsquos-strategic-culture-that-counts/article16814610.ece，2019年11月16日。

乏评估并完善核原则机制的顾虑，另一方面也是由于印度人民党内的权力斗争。他还指出，以总理首席秘书担任国家安全顾问，这种双重身份存在着其无暇顾及、无从严格执行国家安全委员会职能的问题；这也为国家安全委员会的弱势埋下了引子；与此同时，这一安排也使得总理首席秘书比内阁秘书拥有更大的权力，进一步巩固了总理权力。①因此，从这一角度来看，国家安全委员会的成立，与其说是为了便于制定长期的国家战略政策，不如说是出于强化总理权力这一政治目的。

2018年国家安全委员会机构调整后，改组的秘书处实质承担了原联合情报委员会的机构职能并有较大的调整升级。不过当前组织结构仍存在以下问题。其一，在人员构成方面，与内阁安全委员会有极大重合性。两者都由总理任主席，内政部长、外交部长、财政部长和国防部长为固定参会人员。双方最本质的区别在于，国家安全委员会是由行政命令所建成的，缺乏法律基础。因此，其职能受到内阁安全委员会侵蚀，使其主要职能往政策咨询方向偏移。②其二，在组织职能方面，国家安全委员会建立之初即将目标定位于协调和统筹长期的战略政策，这与外交部的政策规划研究司存在一定的职能重叠。因此，早在委员会建立之前，外交部便不乐见成立国家安全委员会。因为原本总理办公室抢夺了政策规划研究司的外交政策制定权，倘若国家安全委员会建立，则外交部在政策制定和外交决策过程中更无立锥之地。③其三，在组织协调方面，跨部门统筹易引发部门冲突。国家安全顾问身负印度总理外交事务顾问、国家安全委员会最高行政官并掌管国防计划委员会、核指挥局并直接查收各项重要国家安全事务。④实际情况是，每个国家安全顾问都会因自身职业及政治背景而与其他部门"争夺地盘"，如米什拉担任

① P. R. Chari, "National Security Council-BJP Style," *The Institute of Peace and Conflict Studies*, November 27, 1998, http://www.ipcs.org/article/india/national-security-council-bjp-style-161.html, 2018年3月13日。
② 张骥主编：《世界主要国家国家安全委员会》，北京：时事出版社，2014年，第305页。
③ KP Saksena, "India's Foreign Policy: The Decision Making Process," *International Studies*, Vol. 33, No. 10, 1996, pp. 391-405.
④ Nitin A. Gokhale, "Major Revamp of India's National Security Architecture," *Bharat Shakti*, October 9, 2018, https://bharatshakti.in/major-revamp-of-indias-national-security-architecture/, 2019年11月17日。

国家安全顾问期间常被印度外交部指责越权。①其四，文官体制垄断政策决策权，担心一旦专家和军事研究人员通过国家安全委员会参与决策，官僚们将会面临权力失控的危险，因此不愿与军方、民间组织分享政治决策影响力。②苏布拉马尼亚姆也曾影射这一现象，称印度智库从政府获取资金却无法获得一天的时间，抱怨政府官员缺乏授权意识，往往事务缠身，无暇顾及外界的政策研究成果。③

可以想见，国家安全委员会的工作职能仍将受到限制，而且这种状态将持续存在下去。因为一个强大的、正式的国家安全委员会势必会侵犯已有官僚机构的"势力范围"，打乱印度各安全部门之间的平衡和当前官僚系统的运作秩序。

综上所述，在印度安全和对外政策的形成过程中，总理及总理办公室、内阁政治事务委员会和安全事务委员会、内政部、外交部、国防部、国家安全委员会起着领导核心作用。不过，内政部、外交部、国防部这三大行政部门工作更侧重于对总理和内阁决策的执行与反馈；国家安全委员会囿于自身的组织地位，一般扮演顾问角色。归根结底，印度外交和安全的最终决策权仍掌握在以总理为首的总理办公室、内阁政治事务委员会和内阁安全事务委员会手中。

第二节 智库对影响印度外交和安全决策行为体的影响

智库主要从事理念的开发和推广工作，与一般企业不同的是，衡量智库成功与否的标准不是资金收益的多少，而是智库在引导公众舆论、政策决策

---

① 唐璐，"有形无形间的印度国家安全委员会"，载《秘书工作》，2014年第8期。
② 资料来源：http://shodhganga.inflibnet.ac.in/bitstream/10603/175801/9/09_chapter%203.pdf, p.143, 2018年2月20日。
③ Sanjaya Baru, "Can Indian Think Tanks and Research Institutions Cope with the Rising Demand of Foreign and Security Policy Research?" *ISAS Working Paper*, No. 67, 2009.

者的政策偏好和政策选择上的影响力的大小。①参照罗杰·希尔斯纳（Roger Hilnslna）的政策决策影响力量分层理论，智库通过影响印度外交和安全决策的权力内层、第二层和权力外层来影响印度外交和安全政策。权力内层包括总理及总理办公室、内阁、政府机构和政治官僚等；权力第二层包括利益集团、智库、在野党、国会；权力外层包括新闻媒体和公民等。②权力内层属于直接决策团体，权力第二层和外层属于间接决策团体。

一、智库对直接决策团体的影响

智库对权力内层的影响是影响政策外交和安全决策最直接和最有效的方法。具体来说，智库的影响方式分为以下几种。

其一，为总理候选人出谋划策。总理大选期间，急需政策顾问团体帮助其拟定施政纲领和选举口号，而智库作为专门的政策研究机构，也乐于通过为总理候选人提供施政纲领，以期将政策思想转化为政治决策进而获取政治回报。譬如，在2014年莫迪大选期间，即获得印度基金会和辩喜国际基金会的支持。

早在2011年4月，辩喜国际基金会组织了为期两天的"黑钱"研讨会。与会者包括阿吉特·多瓦尔、古鲁穆尔蒂（Gurumurthy）、印度瑜伽大师拉姆德夫（Baba Ramdev）、社会活动家哈扎雷（Anna Hazare）、反腐败活动家凯杰利瓦尔（Arvind Kejriwal）、政治家斯瓦密（Subramanian Swamy）和前印度人民党理论家古文达查亚（K.N. Govindacharya）。不久之后，哈扎雷和拉姆德夫开始大肆宣传禁止贪腐的斋戒行动，指责执政政府纵容腐败，从而引发了一场大规模的抗议活动，这对执政党政府而言无疑是一场"政治灾难"。也正是这场反腐败运作，为印度人民党2014年竞选创造了良好的环

① [加]唐纳德·E.埃布尔森：《国会的理论：智库和美国的外交政策》，李刚、黄松菲、丁炫凯、马逸凡等译，南京：南京大学出版社，2017年，第158页。
② 刘蕴锋："印度思想库及其对华政策主张研究"，硕士学位论文，复旦大学，2009年。

境。①该基金会被视为印度人民党支持的反对联盟政府及反腐运动的中心，也成为与拉姆德夫结成政治联盟的平台。莫迪在参加总理选举的过程中，继续以"反腐"为名获得高额选票。此外，早在2014年大选之前，印度基金会负责人瓦拉纳西专门为莫迪组织了与主要公司企业的见面活动，以助力莫迪竞选总理。②随着莫迪上台执政后，辩喜国际基金会的研究人员多在政府部门担任要职，尤为突出的是阿吉特·多瓦尔被任命为国家安全顾问。

其二，密切与外交部、国防部、内政部的联系。政府部门通常以直接拨款或项目委托的形式与智库建立合作关系，如印度外交部政策研究规划司每年用于援助智库开展研究项目、举办会议等活动的资金超过2.7亿印度卢比。③此外，印度国防部每年向国防分析研究所拨款约1.4亿印度卢比，④印度世界事务委员会的拨款全部来自印度外交部（约每年1.5亿印度卢比），⑤用以开展政府部门的委托任务。

其三，成为国家安全顾问委员会顾问。参与制定长远、前瞻性的战略决策分析及危机应对方案与建议。与总理办公室、内阁政治事务委员会和外交部相比，国家安全委员会相对开放。印度国家安全委员会下设国家安全顾问委员会，其成员多由政府之外的专家组成。譬如，印度最为著名的战略研究专家、前国防分析研究所所长苏布拉马尼亚姆曾作为委员会成员，在印度国防与核战略的制定中发挥了重要作用。政策研究中心的卡纳德（Bharat

① Praveen Donthi, "How Ties With Vivekananda International Foundation and India Foundation Enhance Ajit Doval's Influence," *Caravan Magazine*, 5 November, 2017, http://www.caravanmagazine.in/vantage/vivekananda–international– india–foundation–ajit–doval–influence, 2018年3月5日。

② Sreenivasan Jain, "Truth vs Hype: The RSS' Mission Modi," NDTV website, 6 April, 2014, http://www.ndtv.com/elections–news/truth–vs–hype–the–rss–mission–modi–556333, 2018年3月5日。

③ Jyoti Malhotra, "The Growing Role of Government–Approved Think Tanks," March 1, 2017, NDTV website, https://www.ndtv.com/opinion/think–tanks–controlled–by–foreign–ministry–are–supplanting–the–media–1664683, 2019年11月17日。

④ Prashant Jha, "India's most influential think–tanks," *Hindustan Times*, August 16, 2015, https://www.hindus tantimes.com/india/india–s–most–influential–think–tanks/story–emb0db2lmqltL8pKeYuZiL.html, 2019年11月17日。

⑤ Ministry of External Affairs, "Detailed Demands for Grants of Ministry of External Affairs for 2019–2020," p. 33, http://mea.gov.in/Uploads/PublicationDocs/31715_DDG_2019–20.pdf, 2019年11月18日。

Karnad）也曾作为国家安全委员会首届国家安全顾问委员会成员参与核原则起草工作。该中心的战略研究专家切拉尼（Brahma Chellaney）和理事会成员巴鲁（Sanjaya Baru）都曾担任国家安全顾问委员会顾问。[①]

其四，重视政府内管理外交和安全事务的其他部门的联系。智库除了提交有关外交方面的报告外，还通过官员培训、项目合作的方式加强联系。印度智库通常通过为政府官员提供培训的形式，传达智库理念和构建人际关系网络。譬如，国防分析研究所常为军人和政府官员举办培训班或是研究人员应邀前往各地部队讲课；观察家研究基金会与印度安全和刑事司法部门合作，开展网络安全培训讲习班。[②]

二、智库对间接决策团体的影响

智库对间接决策团体的影响主要分为三种方式：一是与利益集团展开合作；二是联合其他智库扩大自身影响力；三是密切媒体关系、塑造公众意识、引导公众舆论。

第一，与利益集团展开合作。以大财团为代表的利益集团与智库有着密切的联系。从大财团的角度来说，考虑到智库在发展历程中培养出科学、中立的学术信誉，便于企业财团借此作为塑造公众舆论和公共政策的手段。加之智库向媒体和政策制定者提供稳定的信息流、专业知识和政策建议，捐赠者资助了智库，也就是同时建立了与这两者之间的联系。[③]此外，智库的专业性，也有利于财团通过影响政治环境，进而实现个体利益。因此，即便印度大企业、财团原本可以依靠与政治领导人建立密切联系、参与并进入议会、拉拢行政官僚、直接参与政治博弈及影响政治架构和人事任免等方式影响政

---

① 四川大学南亚研究所课题组：《南亚智库研究》（第一辑），北京：时事出版社，2018年，附录。

② "ORF Launches National Project on Cyber Security Training for Law Enforcement Agencies," ORF Event Reports, 21 February, 2017,http://www.orfonline.org/research/orf-national-project-cyber-security-training-law-enforcement-agencies/, 2018年3月13日。

③ [加]唐纳德·E.埃布尔森：《国会的理论：智库和美国的外交政策》，李刚、黄松菲、丁炫凯、马逸凡等译，南京：南京大学出版社，2017年，第109页。

府政策，也开始资助智库和建立隶属智库。[1]譬如安巴尼财团资助创立了观察家研究基金会、塔塔财团创办的印度理学院（Indian Institute of Science）等。从智库角度来说，与利益集团合作一方面可带来巨大的资金支持，另一方面通过吸纳利益集团中较具影响力的人员在智库中担任行政职务，借助利益集团形成智库在政府中的关系网，以便于对政府部门施加影响。因而智库经常与其观点相近的利益集团合作来增强自身的影响力。

第二，联合其他智库扩大自身影响力。印度智库通常以发表论文、出版著作、召开研讨会等方式，就颇具争议的时事议题进行讨论，借以展现自己的观点。也通过联系其他智库开展项目合作、联合举办会议等形式达成政策共识，扩大自身影响。譬如，中国研究所的"周三研讨会"（Wednesday Seminars）、国防分析研究所的每周研究员研讨会，就每周邀请各领域专家学者、记者和政策决策者进行互动。

第三，密切媒体关系、塑造公众意识、引导公众舆论。如前政策研究中心主任梅塔（PratapBhanu Mehta）所言，全球化、互联网和公民社会的发展，智库不再像以前那样依赖于通过与政府的人脉关系影响政府政策，与公众沟通、教育和影响公众，也成为智库工作的一部分。[2]1971年"东巴危机"引发印度议会反对党、民间智库、地方势力和民间组织发起支持"东巴"独立、要求印度政府积极介入的政治军事运动，足见印度国内社会政治团体在影响国家对外政策决策上的强大力量。[3]因此，尽管媒体和公众舆论处于政府外交和安全政策制定的最外层，其对外交和安全政策的影响力却不容小觑。

---

① 楼春豪：《印度财团的政治影响力研究》，北京：时事出版社，2016年，第161页。

② 毛晓晓：《印度智库:学术自由与独立立场》，载《瞭望》，2010年第43期。

③ 宋海啸：《印度对外政策决策：过程与模式》，北京：世界知识出版社，2011年，第147页。

第三节 智库影响印度外交和安全决策的主要途径与方式

上文提到智库通过影响直接决策团体和间接决策团体来实现其政策思想，基于智库本身发展情况的不同和影响对象的差别，智库在影响决策团体的方式和途径上多会有所侧重。尽管不同的智库有不同的专业领域、资源和偏好，不过，都倾向于利用相似的策略来发挥其政策影响力。笔者拟就印度智库在公共领域扩大影响力的通用策略进行简要介绍。

一、提出并推广政策思想

多数智库会选择利用出版书籍、新闻简报、政策简报、舆情分析和期刊的形式向目标受众传播智库信息。政策评论、简报和舆情杂志通常以精简的形式及时为政策决策者解读当下的政策难题，从而迅速抢占在该领域的"话语权"。此外，智库也会针对目标受众发行期刊。这些期刊在印度国内颇具影响力，且容易在官方网站上获取。譬如，国防分析研究所的《战略分析》《防务研究期刊》；印度世界事务委员会《印度季刊》(*India Quarterly*)、《外交事务报告》(*Foreign Affairs Reports*)；中国研究所的《中国述评》(*China Report*)等。除却追求思想产品的时效性，智库也讲究影响力的持久性，出版专著或是专题研究报告则成为满足这一要求的不二之选。如考尔（T.N. Kaul）的《外交官回忆录》[A Diplomat's Diary (1947–1999)]、梅农（Shivshankar Menon）的《印度外交政策的制定抉择》(*Choices: Inside the Making of India's Foreign Policy*)、狄伯杰（B.R. Deepak）的《印度与中国：一个世纪的和平与冲突（1904—2004）》(*India & China, 1904–2004: a century of peace and conflict*)和《中国与印度：外交政策途径和对策》(*India and China: Foreign Policy Approaches and Responses*)等著作，持续影响着印度政界和学界研究人员。

此外，部分智库自发组织研究人员对事关国家重大战略问题、对外关系问题进行特定项目研究，部分智库因受政府各部门（国防部、外交部和内政部等要害部门）委托进行项目研究，研究成果以专项报告的形式公之于众或呈报政府部门，以扩大公众舆论和对政策决策者的影响。譬如，现今广为人知的印度对外发展追求的三大目标（确保国家领土、人口和经济利益不受内部和外部威胁；获得外部投资，实现经济繁荣和包容性发展；在国际论坛和全球治理机构中发挥实际作用，确保平等分享全球公共产品）最早便出现于印度国际经济关系研究委员会的研究成果"国家利益项目"（The National Interest Project）的相关报告中。[1]2011年，由美国传统基金会（The Heritage Foundation）、澳大利亚洛伊国际政策研究所（Lowy Institute for International Policy）和观察家研究基金会联合撰写的《目标共享，利益交汇：美澳印在印度洋、太平洋合作计划》（*Shared Goals, Converging Interests: A Plan for U.S.-Australia-India Cooperation in the Indo-Pacific*），主张美国、澳大利亚、印度三国建立三方会谈，推动印太地区广泛合作，引发国际响应。其"印太"概念便多次出现在美国、印度、澳大利亚等国家的官员讲话甚至政策文件中。[2]

二、为印度外交和安全决策提供人才

智库影响决策过程的最佳手段便是自己成为政策决策者。要么是政府官员在智库任职，要么是以智库学者身份为政府所聘任，进而进入政府决策机构，这种双重身份现象近年来在印度屡见不鲜。尤为突出的便是印度基金会和辩喜国际基金会。譬如，印度财政部长辛哈（Jayant Sinha）也是印度基金会董事会成员，辩喜国际基金会的N·米什拉（Nripendra Misra）被聘任为印度总理办公室首席秘书。印度驻华大使苏里宁（Ralin Surie）担任印度世界事务委员会主任，以及国防分析研究所的古普塔（Arvind Gupta）曾被任命为副国家安全顾问。另外，像观察家研究基金会研究员乔希（Manoj Joshi）曾于2011年7月被内阁安全事务委员会聘为印度国家安全特别工作组（Task Force on National Security）成员，负责制定印度国家安全机构改革方案。智库研究人员担任政府官员后，不但会给智库带来更大的媒体曝光度和影响力，还可

---

① Singh Sinderpal, *Modi And The World: (Re) Constructing Indian Foreign Policy*, World Scientific, 2017.
② 赵青海："'印太'概念及其对中国的含义"，载《现代国际关系》，2013年第7期。

以拉近智库与关键决策者之间的关系。

　　值得一提的是，智库通常会采取为学生提供实习机会的方式，向学生灌输智库理念，以培养后备研究人才。如中国研究所为从事中国和东亚区域研究的学生提供为期两个月的实习机会；[1]和平与冲突研究所为向获得国际关系、安全研究、政治学及相关学科的学士或硕士学位的研究人员提供实习岗位。[2]

三、为决策者提供政策交流平台

　　印度智库以民间的姿态、规范的方式，召集政策制定者们参与会议，以便于向政策制定者传播自己的政策建议或为决策制度者们提供相对自由的交流场所。具体而言：

　　一是通过邀请政策决策者参与闭门会议，以向决策者提供政策理念。譬如，在网络安全研究领域颇负盛名的协同效应基金会（Synergia Foundation），自2015年起召开年度闭门会议"安全360"会议（Security 360），并邀请印度国家安全顾问、网络安全专家、情报机构负责人、政策制定者等人员列席会议。[3]辩喜国际基金会在莫迪上台执政后，也曾多次邀请国家安全委员会顾问、印度总理办公室国家网络安全协调员、电子和信息技术部门官员就网络安全政策相关问题展开讨论。印度基金会召开的"早餐会议"（Breakfast Meetings）也有内阁部长和政府高级官员定期露面。[4] 2015年《经济时报》报道称，印度基金会的"周三会议"已经取代了在印度国际中心举行的"周六俱乐部会议"，成为"新德里机构的主要谈话场所"。

　　二是举办最新研究成果报告会，讨论某些备受关注的热点问题，并借此向与会者展示智库在这些议题中所起的作用。通过与联合国内外其他机构

---

① 资料来源：http://www.icsin.org/research-interns，2018年3月10日。

② 资料来源：http://www.ipcs.org/internship-program/，2018年2月20日。

③ 资料来源：http://www.synergiafoundation.in/event/synergia-conclave-security-360，2018年2月20日。

④ Swati Chaturvedi, "Exclusive: Think-Tank Run by NSA Ajit Doval's Son Has Conflict of Interest Writ Large," *The Wire*, November 4, 2017, https://thewire.in/193873/exclusive-think-tank-run-nsa-ajit-dovals-son-conflict-interest-writ-large/, 2018年3月13日。

共同举办会议的形式来提升智库知名度。或是针对印度各类重大政策问题组织学术研讨会、圆桌会议和学术会议。部分智库也会邀请知名学者、退休官员、著名社会人士发表演讲。如辩喜国际基金会自2009年以来每月举办一次Vimarsha讲座，常邀请前外交官、知名学者、退休政府高官、首席秘书长等人员，就文化、国防、教育、经济、管理、环境、内部安全、国际关系、邻国关系等话题展开讨论。[①]观察家研究基金会自2010年开始举办R. K. 米什拉纪念讲座（R.K. Mishra Memorial Lecture），每年邀请周边国家政府在职或退休高官担当主讲嘉宾。

四、借助主流媒体传播智库观念

进行一定数量的宣传，是智库保持资助者思考力和保持对关键目标在社会政策中影响力的一个必要条件。[②]媒体也乐于采用智库观点以作为内容专业性支撑。这对于媒体和智库而言，是一项互利共赢的交易。在印度，要么研究人员具有从事新闻行业的背景，要么智库人员本身与媒体有着良好的双向互利关系。研究人员通常以专栏作家和评论家身份在《印度教徒报》（The Hindu）、《印度时报》（The Times of India）、《印度斯坦时报》（Hindustan Times）和《印度快报》（Indian Express）等印度主流报纸上刊登文章，就印度内政、外交政策发表个人见解，以达到教育公众、影响社会舆论和为政府推动某项政策创造良好舆论环境的目的。诸如媒体分析家莫汗（C. Raja Mohan）、陈贾帕（Raja Chengappa）、乔希（Manoj Joshi）和瓦拉达兰简（Siddharth Varadarajan）即被认为是在外交决策和战略政策上具有影响力的人物。[③]此外，还通过参与电视新闻访谈、网络访谈评论等方式直接发表个人观点。如知名评论家、慕吉克研究基金会顾问委员会顾问达斯古普

---

① Vivekananda International Foundation, Vimarsha Monthly Dialogue (2009—2017), http://www.vifindia.org/ sites/default/files/List-of-Vimarsha-2009-to-2017.pdf, 2018年2月20日。

② [荷]保罗·哈特、[澳]阿里阿德涅·弗罗门："智库处在公共政策的新时代吗？——国际趋势和澳洲现实"，肖君拥译，载《国外社会科学》，2014年第3期。

③ Amitabh Mattoo, Rory Medcalf, "Think-Tanks and Universities," in David M. Malone, C. Raja Mohan and Srinath Raghavan (eds.), *The Oxford Handbook of Indian Foreign Policy*, Oxford: Oxford University Press, July 2015.

塔（Swapan Dasgupta），经常活跃于印度各大主流报刊和电视频道。①网络技术的发展，扩大了智库的舆论影响渠道。现阶段，印度几乎所有的智库都建有自己的网站，便于公众获取智库已有成果。国防分析研究所在官方网站上甚至开辟"专家答疑"板块，安排专家在线答疑，以通俗易懂的交流方式有效传播专家观点。②

近年来，智库本身也越来越成为政府"信息传播平台"。③譬如慕吉克研究基金会在官方网站上专门开辟"莫迪总理观"（PM Modi's Vision）每日推送莫迪总理演说要点。④另推出《莫迪政府——一个改革的时代：改革、执行与变革》（Modi Government-An Era of Reform: Reform, Perform & Transform）报告，详述莫迪政府执政新政纲要。⑤此外，智库也为政府推行外交政策营造良好舆论氛围。如由政府国防学院和政策研究中心联合起草的《不结盟2.0：印度21世纪外交和战略政策》（NonAlignment 2.0: A Foreign and Strategic Policy for India in the 21st Century）即被视为印度外交政策转变的支持性报告。⑥

五、开展"二轨外交"

"二轨外交"通常被定义为敌对组织或国家之间的非正式互动，旨在制

① Reeta Chowdhari Tremblay, Ashok Kapur, *Modi's Foreign Policy*, SAGE Publications, 2017.

② 曾祥裕："国防分析研究所"，四川大学南亚研究所课题组：《南亚智库研究》（第一辑），北京：时事出版社，2018年，第28页。

③ Jyoti Malhotra, "The Growing Role of Government-Approved Think Tanks," NDTV website, March 1, 2017, https://www.ndtv. com/opinion/think-tanks-controlled-by-foreign-ministry-are-supplanting-the-media-1664683, 2018年2月23日。

④ 资料来源：http://www.spmrf.org/category/pm-modis-vision/，2018年2月20日。

⑤ Ayush Anand, Shubham Tiwari and Dheeraj Awasthi (ads.), *Modi Government-An era of Reform: Reform, Perform & Transform*, Dr. Syama Prasad Mookerjee Research Foundation, 2018, http://www.spmrf.org/ wp -content/uploads/2018/04/my-mantra-2018.pdf, 2018年2月22日。

⑥ Synne L. Dyvik, Jan Selby and Rorden Wilkinson (eds.), What's the Point of *International Relations*?, Routledge, 2017, https://books.google.co.jp/books?id=Ug30DQAAQBAJ&pg=PT224&dq=Vivekananda+ International+Foundation&hl=zh-CN&sa=X&ved=0ahUKEwiS3LC0qJ_ZAhXGFpQKHebuAzYQ6AEISjAE#v=onepage&q=Vivekananda%20International%20Foundation&f=false, 2018年2月22日。

定战略、影响公众舆论并以可能的方式组织人力和物力资源来解决冲突。①根据这一观点，"二轨外交"应当由一个"精英阶层"组成，由经验丰富且知情的私人和组织提供正式环境中所不具备的灵活协调空间，以非正式形式对政策进行讨论，在政府层级互动较少的情况下展开"二轨外交"，为恢复政府间或"一轨外交"提前做好准备。"二轨外交"会议分为公开和闭门会议两种类型。会议通常以研讨会、论坛、专题研讨会的形式，或以小组之间定期和不定期会议的形式出现。会议对政策决策者的影响，通常由塑造公众舆论压力和向政府提交政策报告来实现。虽然公开会议的相关报道在媒体上随处可见，且通常基于会议会谈的记录编辑成册公之于众，但是闭门小组会议的内容却很少公开。

在"二轨外交"中，智库可以为冲突双方创造交流机会。如2004年印度政府表示反对巴基斯坦政府高官与印控克什米尔分裂主义各党自由大会（All Parties Hurriyat Conference）领导人之间的互动后，印巴两国外交秘书会谈中断。各党自由大会领导人与印度政府的谈判受印度国内大选影响而停滞不前，印巴在克什米尔当局是否有权参与解决矛盾冲突的问题上僵持不下，在此情况下，由印度世界事务委员会和黑豹党（Panther Party）于2005年9月在新德里联合组织"心连心谈话"（"Heart to Heart Talk"），邀请克什米尔两方领导人会面讨论解决克什米尔争端的方法与途径。会后两方领导发表联合申明，督促印巴两国降低在克什米尔的军事部署和扩大官方与非官方机构合作，努力促进和平进程。②因此，此次会议为打破印巴僵局、推动双方对话起到了关键性作用。

此外，智库不但扮演着印度对外文化交流的使者，还充当调停政府矛盾、缓解国家冲突的缓冲器。当印度政府与其他国家在某一政策或是某项事件中发生冲突或是僵持不下时，智库通常会以学术交流、多边会谈等形式与他国智库或政府进行"二轨"和"一点五轨"对话，以此制造宽松的外交氛

---

① Joseph V. Montville, "The Arrow and the Olive Branch: A Case for Track Two Diplomacy," in John W. McDonald and Diane B. Bendahmane (eds.), *Conflict Resolution: Track Two Diplomacy*, Foreign Service Institute, US Dept of State, 1987.
② Pervaiz Iqbal Cheema, "The Contribution of Track II towards India-Pakistan Relations," *South Asian Survey*, Vol. 13, No. 2, 2006, pp. 211-233.

围，保持国家间交流渠道的畅通。如2008年国防分析研究所和巴基斯坦的伊斯兰堡战略研究所（Strategic Studies Institute Islamabad）达成定期交流的协议。这一协议确保了即便出现印巴两国政府层面外交活动中断的情况，两国学者间的交流仍将继续。①

2006年5月，印度外交部开设公共外交司（The Public Diplomacy Division），以期通过以智库、媒体、高校和学者作为印度公共外交服务主体，改善印度的国际形象。近年来，印度智库常作为官方指定代表参与区域合作项目的智库理事会或是随同政府领导人出访他国。印度外交部也越来越多地通过智库作为对外影响的媒介。尤为突出的是印度外交部联合智库举办颇具影响力的多边论坛。通过多边论坛会议，聚集各国政策决策者、研究人员、学者等相关人员，就常见问题制定解决方案，以加强冲突管理与合作对话。

近几年里，印度外交部固定全额或部分资助智库举办了多场国际性双多边年度会议，具体包括观察家研究基金会组织举办的瑞辛纳年度对话、印度基金会举办的印度洋会议、阿南塔·阿斯彭中心举办的印美论坛、德里政策集团组织召开的印日"一点五轨"对话、国防分析研究所举办的西亚会议、贾达普国际关系协会（Jadavpur Association of International Relations）召开的"东向行动政策"研讨会等。②此外，印度外交部还不定期支持其他智库会议，如与梵门阁合作举办印度门地缘经济对话（The Gateway of India Geoeconomic Dialogue），就全球商业模式等话题展开讨论。③2016年以来，印度外交部与中国研究所、印度世界事务委员会和中国社会科学院合作召开中印智库论坛，就科技交流机制、网络安全问题和建设孟中印缅经济走廊问题展开讨论。外交部与印度世界事务委员会、莫斯科国际关系研究所（Moscow State Institute of International Relations）合作，召集印俄智库首脑会议。

① Stuti Bhatnagar, "Indian Think Tanks and their Influence on Foreign Policy," *ISA Global South Caucus Singapore 2015: Call for Proposals, 2015*, http://web.isanet. org/Web/Conferences/GSCIS%20Singapore% 202015/Archive/e2daf55d–f390–4000– b115–ffe7dd42751f.pdf, 2018年1月25日。
② Ministry of External Affairs (India), Annual Report 2018–19, p. 422.
③ 资料来源：http://www.gatewayhouse.in/goigd2017/，2018年2月20日。

如前文所述，由于各个智库自身发展条件不同，在影响途径的抉择上也各有侧重。譬如，兼具社科机构和智库色彩的政策研究中心，重视政策研究和与政府进行直接项目对接；强大财团资助的观察家研究基金会侧重召开大型多边论坛会议，召集政策决策者和社会各界精英人士对热点事件展开深入讨论；党政色彩浓厚的辩喜国际基金会和印度基金会通常依据研讨主题的相关性，邀请与主题相关的政府官员进行政策讨论，或是会见外国政要、使团、智库，就相关政策主张进行直接磋商。

第三章

印度智库新发展及其影响力分析

在全球化的道路上，印度积极改善自身在区域和全球的发展环境，探索发展路径。随着经济外交、信息革命、电子媒介及"二轨外交"等新事物的出现，媒体、商业集团、智库学者、非政府组织团体无一不影响着政府外交决策的制定。虽然就智库本身而言，其对政府外交决策的直接影响效能无法得到精确评估，但是智库为政府提供研究报告、为新政策思想提供传播媒介、为政府官员发表演说开启聚光灯，同时也为对政府政策的批判性看法提供展示平台。总而言之，其广泛的"二轨外交"职能、公众影响力及政策普及和监督能力不容忽视。本章将对印度外交智库的最新发展特点、智库影响政府外交决策的相关案例及智库影响限度进行分析。

第一节 印度外交和安全智库新发展

莫迪在当选总理前曾讥讽印度国大党领导的联合进步联盟政府在外交政策决策上"以德里为中心"的作风，认为"外交政策应由印度人民而非德里政治家决定"。[①]2014年莫迪上台执政后，在《让印度回归正轨——改革的行

[①] Vikash Chandra, "Modi Government and Changing Patterns in Indian Foreign Policy," *Jadavpur Journal of International Relations*, Vol. 21, No. 2, 2017.

动议程》（*Getting India Back on Track-an Action Agenda for Reform*）中表示，应该大力加强对"智库智力投入"，改善政策框架。①近年来，在印度外交和安全政策决策上，既表露出以总理办公室为中心的更大的集权，又看得到智库在外事活动中的活跃身影，呈现出总理集权和民主参与并行不悖的局面。一方面，新议程的引入、新平台的建立以及多边协议中智库的参与，为更多开放性政策交流创造了有利的环境。另一方面，备受瞩目的智库与现任政府之间、智库之间的横向联系也加强了智库研究和活动的统一性、正统性与不透明性。

一、智库"旋转门"现象更为显著

从政治体制上来看，执政党派的轮换便于智库研究人员进入政府决策机构。2014年莫迪上台执政后，如前文提到的辩喜国际基金会执行委员会成员N.米什拉被聘任为莫迪首席秘书、前农业部长及基金会高级研究员P.K.米什拉被任命为总理办公室辅秘。包括辩喜国际基金会的拜贾尔（Anil Baijal）、舒克拉（Prabhat Shukla）、萨拉斯瓦特、德布罗、帕纳格里亚、坎特及古普塔等人，均在政府中担任要职。印度基金会的西塔拉曼晋升为国防部长、基金会董事会成员普拉布被任命为商工部部长。这些被聘任入职政府部门的研究人员，多数具备官员身份背景。总体而言，政府职权仍然为精英阶层所把控，"智库专家—政府部门"轮流任职的现象显著。

从政府机构来看，外交部政策规划研究司的政策规划职能渐趋恢复，外交部长聘任非政府学者担任学术顾问，为智库研究人员进入政策决策机构提供便利。苏杰生（S.Jaishankar）在2015年担任外交部秘书长后，整顿政策规划研究司，开始注重其在外交部的智库作用，萨瓦拉吉（Bijay Selvaraj）、可汗阿里（Satwant Khanalia）、帕伊（Aparna Ray Pai）和辛格（Jai Bhagwan

---

① PIB (Press Information Bureau, Government of India, Prime Minister's Office), "PM Calls for Enhancing the Input of Intellectual Think Tanks in Policy Frameworks," 2014, http://pib.nic.in/newsite/PrintRelease.aspx?relid=105487, 2018年3月13日。

Singh）四位非政府学者首次以顾问的身份入职政策规划研究司。[①]这一现象也被印度学者称为"民主化进程中的一个里程碑"。[②]虽然其政策影响与否尚不可知，但是外交部的这一举止为智库学者开辟了提出政策建议的又一通途。

值得一提的是，2019年5月苏杰生就任印度外交部长后，苏杰生的儿子德鲁瓦（Dhruva Jaishankar）于9月加入观察家研究基金会，担任基金会驻美国华盛顿办事处主任。[③]10月，基金会研究员、印度总统前新闻秘书阿肖克·马利克（Ashok Malik）被任命为印度外交部政策顾问，兼任辅秘一职。[④]仅从这一层面上看，印度外交部与基金会的确存在着密切的人事关系。

二、智库与政府权力关系更加模糊

历年来，诸如印度世界事务委员会、国防分析研究所等由外交部和国防部直接资助的半官方智库，由现任政府官员、外交官员和军事将领担任其理事会人员、执行董事会人员和研究人员的现象已不足为奇。不过，近年来声称资金独立但具有军方背景的印度三军协会、国家海洋基金会和空中力量研究中心等智库却集聚着大批三军退役将领和现役军官，智库独立性界限变得模糊。譬如，国家海洋基金会管理委员会在2019年6月海军参谋长调整前由当时的海军参谋长、海军上将兰巴（Sunil Lanba）主持，委员会成员中有海军中将辛格（Karambir Singh）、海军上校库拉纳（Gurpreet S. Khurana）和

---

① Ritu Sharma, "MEA hires from private sector to get fresh perspective in foreign policy," *India Express*, August 7, 2016, http://www.newindianexpress.com/thesundaystandard/2016/aug/07/MEA-hires-from-private-sector-to-g et-fresh-perspective-in-foreign-policy-1506496.html, 2018年3月7日。

② Vikash Chandra, "Modi Government and Changing Patterns in Indian Foreign Policy," *Jadavpur Journal of International Relations*, Vol. 21, No. 2, 2017.

③ "Foreign Minister Jaishankar's son Dhruva tipped to head ORF's Washington office," *The Print*, September 11, 2019, https://theprint.in/pre-truth/foreign-minister-jaishankars-son-dhruva-tipped-to-head-orfs-washington-offi ce/290229/, 2019年11月6日。

④ IANS, "Ashok Malik appointed Policy Advisor in MEA," *The New Indian Express*, October 22, 2019, http://www.newindianexpress.com/r.ation/2019/oct/22/ashok-malik-appointed-policy-advisor-in-mea-2051468.html, 2019年11月6日。

海军中校斯里哈尔萨（Sriharsha）等现役军官。①印度三军协会由夏尔玛少将
（BK Sharma）担任中心主任，巴达里亚少将（RPS Bhadauria）和辛格中将
（Rajender Singh）是中心研究主力。②

此外，自莫迪上台执政后政党关联智库的政治参与越发活跃。印度基金
会由印度现任国家安全顾问阿吉特·多瓦尔主任的儿子肖拉亚和印度人民党
总书记拉姆担任基金会负责人，联合打理基金会日常事务。到2018年，基
金会董事会成员已包括时任国防部长西塔拉曼、商工部部长普拉布（Suresh
Prabhu）、民航部长辛哈（Jayant Sinha）和外交国务部长阿克巴（M.J.
Akbar）四位高级部长。而达斯古普斯（Swapan Dasgupta）、萨哈（Rajya
Sabha）、辛哈（Shakti Sinha）和普拉卡什（A. Surya Prakash）这几位董事会
成员均为印度人民党的核心成员。这一现象近年来也为印度国内所诟病。

印度国内从重要领导参与智库活动的影响、政府对智库的管理标准、政
党关联智库地位的合法性这三大方面对此事提出质疑。首先，认为政府重要
部门领导兼任智库人员，基金会成为政党及各利益集团行使影响力的渠道。
印度国内质疑肖拉亚·多瓦尔以基金会为联络渠道，密切政府官员与海内外
企业之间的联系，以政治资源谋取经济利益。同时，肖拉亚·多瓦尔所在的
双子座金融服务网站（Gemini Financial Services）主要以帮助客户在众多领
域达成交易为出发点，更佐证了上述观点。其次，质疑政府在智库管理上的
双重标准。印度基金会并未严格遵守《外国捐赠管理法》进行财务公开，虽
然其资金来源和用途存有很大的谜团，但是莫迪政府并未对此展开调查。③
最后，质疑政党相关智库的地位合法性，认为其不具备获取纳税人支持的
资格。④印度下院要求莫迪免除在印度基金会担任董事的四位部长职位，并

---

① 解斐斐："国家海洋基金会"，四川大学南亚研究所课题组：《南亚智库研究》
（第一辑），北京：时事出版社，2018年，第45页。
② 邹正鑫："印度三军协会"，四川大学南亚研究所课题组：《南亚智库研究》
（第一辑），北京：时事出版社，2018年，第63页。
③ Swati Chaturvedi, "Exclusive: Think-Tank Run by NSA Ajit Doval's Son Has
Conflict of Interest Writ Large," *The Wire*, November 4, 2017, https://thewire.
in/193873/exclusive-think-tank-run-nsa-ajit-dovals‐son-conflict‐interest-writ
-large/, 2018年3月15日。
④ Siddharth Varadarajan, "Shaurya Doval's Response to The Wire Raises More Questions
Than It Answers," *The Wire*, November 5, 2017, https://thewire.in/194372/shaurya-
doval-response-the-wire-questions-answers-india-foundation/, 2018年3月18日。

要求情报机构彻查此事，以确定印度基金会是否违反《外国捐赠管理法》的相关规定。针对印度人民党全国总书记拉姆担任基金会负责人一事，希巴尔（Kapil Sibal）议员称，"依据《外国捐赠管理法》第3条规定，任何政党或其任何政府官员均不得接受任何外国捐赠。……拉姆如何成为印度基金会的董事？这是违规行为。"①

与政府的密切联系使公私界限变得模糊，加深了智库活动的不透明性。法人地位不明确，也使智库在生存和发展上面临合法性危机。

三、企业隶属和政党关联智库发展势头强劲

除了久负盛名的国防分析研究所等半官方智库外，近年来印度国内出现两类极具影响力的外交和安全政策智库。一是与印度企业或是与外国智库有密切联系的企业隶属智库；二是在意识形态上接近印度人民党民族主义者或是具有国民志愿服务团背景的智库。造成这一局面的主要原因在于莫迪政府治下印度教民族主义政治影响下外交部在项目合作和资金援助上的倾斜政策，无法创造良好的智库良性竞争环境。再者由于印度经济迅速发展，大型企业为开拓海外市场、确保海外投资贸易安全，需要成立智库从事全球经济环境安全和风险评估，②及游说政府部门提供战略保护。

2015年，《印度斯坦时报》列举了该报所认为的当前印度国内最具代表性的7所智库，具体包括国防分析研究所、印度世界事务委员会、政策研究中心、观察家研究基金会、辩喜国际基金会、印度基金会及阿南塔·阿斯彭中心。③由下表可知，8所智库中企业隶属和政党关联智库占了5所。印度财团支持着智库的国际化发展，政党关联智库在外交政策上与执政官员保持着密

---

① Express News Service, "Ministers in Ajit Doval Son's NGO Should Quit as MPs, Demands Congress," *The Indian Express*, November 5, 2017, http://indianexpress.com/article/india/ministers-in-ajit-doval-sons-ngo-should-quit-as-mps-demands-congress-4922991/, 2018年3月20日。

② Arvind Gupta, "India's Strategic Think Tank: The Institute for Defense Studies and Analyses," in James G. McGann (eds.), *Think Tanks, Foreign Policy and the Emerging Powers, Cham*: Palgrave Macmillan, July 10, 2018, p.216.

③ Prashant Jha, "India's most influential think-tanks," *Hindustan Times*, August 16, 2015, https://www.Hindus tantimes.com/india/india-s-most-influential-think-tanks/story-emb0db2lmqltL8pKeYuZiL.html, 2018年3月18日。

切关系。这一演变趋势似乎表明印度教民族主义和印度商业集团的力量日益增强，而非印度智库的普遍性强大。[1]有财团背景、团家族背景的智库往往发展较好，民间独立智库发展实力不足，印度国内智库的不均衡发展造成智库"贫富分化"现象显著。

印度主流智库隶属关系简介表

智库	成立年份	智库背景	外交活动
半官方智库			
印度世界事务委员会	1943	主要由外交部提供资金	印俄智库首脑会议、中印智库论坛
国防分析研究所	1965	由国防部和外交部提供资金	亚洲安全会议、南亚会议、西亚会议
独立智库			
政策研究中心	1973	加拿大国际发展研究中心智库项目资金和印度社会科学研究委员会资金等	"二轨外交"、项目合作
企业隶属智库			
观察家研究基金会	1990	安巴尼财团所属的信实工业有限公司支持创办。2017年，信实工业有限公司占64.5%，外交部占3.7%	担任金砖国家智库理事会成员；与印度外交部联合举办瑞辛纳对话
阿南塔阿斯彭中心	2006	印度工业联合会和美国阿斯彭研究所联合创建。由印度工业联合会背景的阿南塔中心提供资金	印度—以色列论坛；印度—中国对话；美印战略对话；美印气候变化与能源对话[2]
梵门阁	2009	马辛德拉财团、苏司兰能源和TVS汽车公司等联合创立	印度外交部参与举办印度门地缘经济对话、20国智库会议

---

[1] Raphaëlle Khan, Patrick Köllner, "Foreign Policy Think Tanks in India: New Actors, Divergent Profiles," *GIGA Focus Asia*, February 2018, https://www.giga-hamburg.de/en/publication/foreign-policy-think-tanks-in-india-new-actors-divergent-profiles, 2018年3月21日。

[2] 资料来源：http://www.anantaaspencentre.in/track_II_dialogue.aspx, 2018年3月14日。

续表

智库	成立年份	智库背景	外交活动
政党关联智库			
辩喜国际基金会	2009	国民志愿服务团	外交部支持召开 Indraprastha 对话、"一点五轨"外交、"二轨外交"
印度基金会	2009	印度人民党	印度洋会议、反恐会议、"一点五轨"外交、"二轨外交"

资料来源：除智库分类外，其余资料均来自上述智库官方网站。

四、政府对智库监管更为严格

印度智库与政府发展关系呈现出相互借重之势。于政府而言，需借重智库在非官方外交交流中的灵活外交方式及智库在对外传达政府外交政策上的专业特质和影响力；[①]于智库而言，需倚仗政府的政治资源和资金援助以开展有效的政策建言工作，进一步扩大自身影响力。为确保智库研究和智库活动向政府政策靠拢，印度政府从项目和资金两方面加强了把控。

一是项目审核。印度外交部在对智库的支持和项目合作上，以服务政治决策为导向，对"外交部决策相关的"研究提供项目资金。"智库外交"往往需要符合政府意志才能得以顺利运行。2017年3月，印度外交部取消印度中国研究所每年1000万印度卢比的经费，并勒令中国研究所根据外交部的要求进行整改，规定此后以项目申请的形式批准经费。[②]随后亚洲学者协会（Association of Asia Scholars）被告知，因该协会研究方向过于"学术性"，于政府政策规划无益，决定取消对该协会的拨款。有传言称，外交部此番作为，乃是两大智库在 "一带一路"和边境谈判等重大问题上与政府持截然相反的态度所致。[③]据称，取消的1000万卢比经费将转到户国分析及策略中

① Sanjana Gogna, "The Rise of India's Think Tank Diplomacy," *SouthAsian Voices*, February 16, 2018,https://southasianvoices.org/rise-indias-think-tank-diplomacy/, 2018年3月21日。

② Suhasini Haidar, Kallol Bhattacherjee, "MEA cuts Grants for Think Tank on China," *The Hindu*, February 8, 2017, www.thehindu.com/news/national/MEA-cuts-grants-for-think-tank-on-China/article17244004, 2018年3月22日。

③ Suhasini Haidar, Kallol Bhattacherjee, "MEA cuts Funds to One more China Think Tank," *The Hindu*, March 13, 2017, www.thehindu.com/news/national/mea-cuts-funds-to-one-more-china-think-tank/article17453416, 2018年3月22日。

心，该中心由印度外交情报机构研究分析局（RAW）前官员拉纳德管理，专注于中国战略目标和西藏政策研究。[1]

二是资金把控。印度政府除了通过《外国捐赠管理法》监控智库资金流向，还通过外交部拨款管控智库研究活动。外交部政策研究规划司在与智库研究机构进行项目对接的过程中，尚未生成制度化项目申请和拨款程序。在缺乏制度化考核体系的前提下，外交部与智库之间的沟通渠道往往基于个人之间的信任关系，资金导向通常为非正式接触所驱使。

第二节　智库影响印度外交和安全决策的案例

虽然智库影响公众和政策决策者的途径多样，但是智库对外交政策的影响效果却不易进行客观衡量。根据美国外交关系董事会前主席格尔伯（Leslie Gelb）的说法，评估智库的影响力是困难的，"因为它往往具有高度的偶发性、随意性和难以预测性"。[2]前政策研究中心主席梅塔也表示，智库对政府的影响力体现在两个层面上。一是在遇到诸如印美核协议谈判问题、印度全国农村就业保障计划等需要政府直接作出抉择的问题时，能直接反映出智库影响与否；二是在长时期、大范围内对政府意识的潜移默化的影响。这种影响力并不直接涉及政策干预，而是通过长时期的讨论来提升政策质量，扭转政府决策者观念意识。[3]从这一角度来看，在政策讨论过程中，对政策的批判性见解，有利于迫使政府对原有政策进行改进，最终提出更好的解决方案，也不失为智库影响力的一种体现。

由于印度核原则的出台兼具长期性和偶然性，因此，下文将以此作为智库对印度政府外交政策影响的案例进行分析。此外，考虑到莫迪总理上台执

① Jyoti Malhotra, "The Growing Role of Government-Approved Think Tanks," NDTV website, March 1, 2017, www.ndtv.com/opinion/think-tanks-controlled-by-foreign-ministry-are-supplanting-the-media-1664683, 2018年3月22日。
② Donald E. Abelson, Xin Hua, Stephen Brooks (eds.), *Think Tanks, Foreign Policy and Geo-politics: Pathways to Influence*, Routledge, 2016, p. 97.
③ 毛晓晓："印度智库:学术自由与独立立场"，《瞭望》，2010年第43期。

政后印度智库出现新的发展趋势，文章将以智库对印度政府国际网络治理模式的影响为切入点，在现有资料的基础上分析不同智库的影响方式与影响程度。同时，也会探讨在执政党的政治庇护下，具有国民志愿服务团家族背景的智库对国内安全政策的影响。

一、国防分析研究所与"印度核原则"

"核原则"（Nuclear Doctrine）指的是有关核战略的军事原则与规定。具体包括对核武器在国家安全中所起作用的说明和对核武器使用方式与目标的界定。[1]印度早在1974年以"和平核爆炸"的名义进行了一次核试验，不过直到1998年之前，印度政府并未考虑制定"核原则"。1998年印度人民党上台执政，先后进行5次公开核试验，在缺乏国家核原则指导的情况下宣布印度为核武器国家。为消解国际社会对南亚稳定局势的担忧并改变国际孤立局面，印度政府着手制定核原则。在印度核政策变革和核原则制定的过程中，国防分析研究所发挥了重要作用。

早在1964年中国首次进行核试验后，印度国内便开始对核开发问题展开讨论。以国防分析研究所所长苏布拉马尼亚姆（1968年至1975年、1980年至1987年两度担任所长）为代表的核战略鹰派认为，虽然全面爆发核武器战争的可能性不大，但是开发核武器符合印度国家利益。[2]苏于1968年发文称，中国开发先进核武器已对印度构成核威慑。[3]20世纪70年代末，该所连续出版三本有关巴基斯坦核开发活动的战略评估文件，提出所谓中巴核扩散问题，以此作为推动印度核开发的理由。此外，研究所先后参与或组织召开"核武器与印度安全""当代战略思想与印度安全""美国供给巴基斯坦武器及其对印度安全的影响"等研讨会，邀请包括国会议员、国防部官员、高级军官、知名学者及记者等就印度核问题展开讨论。[4]然而整个20世纪60年

---

[1] 章节根：《论印度的核原则》，载《南亚研究季刊》，2008年第1期。

[2] Anit Mukherjee, "K. Subrahmanyam and Indian Strategic Thought," *Strategic Analysis*, Vol. 35, No. 4, 2011, pp. 710−713.

[3] K. Subrahmanyam, "Defense Preparations in India and China," *Bulletin of the Atomic Scientists*, Vol. 24, No. 5, 1968, pp. 28−33.

[4] K. Subrahmanyam, "IDSA in Retrospect," *Strategic Analysis*, Vol. 35, No. 4, 2011, https://www.tandfonline.com/doi/full/10.1080/09700161.2011.596739, 2018年6月5日。

代到70年代，印度国内对"战略"一词不以为然，对国防分析研究所宣称的核威慑的战略价值同样持怀疑态度，[1]研究所关于核战略的观点也未能为当时的决策者所采纳。

1985年，拉吉夫·甘地受到国内主张核开发的强大舆论压力，应允印度政府成立工作小组对核威慑的成本效益进行评估。受国防部委托，K.森德吉上将召集苏布拉马尼亚姆等知名战略专家联合制定核原则报告。报告建议印度严格遵守"不首先使用核武器"和"仅报复针对印度的核攻击"两大原则。[2]不过拉吉夫·甘地在20世纪80年代中期并不打算建立印度核武装，该报告在当时未能产生预期效果。[3]

1998年，印度人民党为首的联合政府上台执政，当年5月即接连进行5次公开核试验，宣布印度为核武器国家。面对国际孤立局面和官方核政策沟通失灵的紧张局势，印度政府一方面派遣国防分析研究所研究人员及该所前雇员前往各国阐明印度立场；另一方面重建国家安全委员会，并指定苏布拉马尼亚姆作为国家安全顾问委员会成员参与拟定《核原则草案》。草案内容在2003年印度政府发表的官方核文件中得到重申，最终成为印度政府的核战略理论。此外，国防分析研究所于1998年底率先出版《核印度》（*Nuclear India*）一书，系统解读印度核原则相关问题。[4]1999年初，国防分析研究所召开首届亚洲安全会议，邀请亚洲各国安全问题研究专家进行研讨对话，系列对话活动在一定程度上缓解了印度核试验后面临的严峻挑战。

以上事例对了解印度智库的实际影响颇有启发。首先，智库在长期培育公众和决策者意识上有极为关键的作用。国防分析研究所多年来一直注重对主流意识的培养，通过媒体、期刊、座谈会等宣传媒介大力培育社会主流对核战略的认识，塑造引导公众舆论，成效颇为明显，以至于迫使拉吉夫·甘地在无意发展核武器的情况下，仍然要邀请国内核战略专家撰写核战略评估

① Karsten Frey, "State Interests and Symbolism in India's Nuclear Build-Up," *South Asia Institute Department of Political Science University of Heidelberg Working Paper*, No. 8, October 2002.
② [美]斯蒂芬·科亨：《大象和孔雀：解读印度大战略》，刘满贵等译，北京：新华出版社，2002年，第180页。
③ 章节根：《印度的核战略》，博士学位论文，复旦大学，2007年。
④ Jasjit Singh (ed.), *Nuclear India*, IDSA and Knowledge World, 1998.

报告，力图平息舆论压力。[①]其次，国家安全委员会的成立为智库专家参与
制定国家相关政策提供了必要条件。与此同时，必须依托长期构建的官员关
系网络，智库的战略理论才易于接近决策者。再次，作为非官方沟通渠道的
智库在打破国家间僵局、缓解国际紧张局势方面可发挥重要的润滑作用。最
后，决策者对智库研究成果的采纳程度决定了智库政策的实效性。正如斯蒂
芬·科亨所言，智库核政策见解得以为政策决策者所采纳，其中一大机遇即
为"一个狂热拥核的政党上台执政"。[②]自印度国内核政策讨论至《核原则草
案》最终出台，期间经历了36年。从中也可以看出，决策者总揽外交和安全
决策大权，对外部政策主张的接受度总体并不高，智库学者的意见建议往往
处于被动地位。

二、智库与印度全球网络治理模式

印度政府负责网络安全管理的部门有电子和信息技术部（Ministry of
Electronics and Information Technology）及其下设部门计算机应急预备小组
（Computer Emergency Response Team）、内政部、外交部、国防部及总理办
公室。内政部主要负责印度国内网络安全管理；国防部国防情报局下设国防
信息战处，负责处理信息战相关问题；外交部政策规划司联合秘书担任网络
问题主任，与他国进行网络议题交涉。外交部下另设电子政务与互联网技术
部门（EG&IT）、全球网络问题部门，前者侧重于网络安全治理，后者致力
于追踪国际事务对国内政策的影响关系并代表印度参与全球网络安全事务。
总理办公室设有国家网络安全协调员，协调员由电子和信息技术部下的国家
网络协调中心主任担任。此外，总理办公室国家技术研究组织（NTRO）下设
国家关键信息基础设施保护中心（National Critical Information Infrastructure
Protection Centre）也负责国家信息技术安全维护工作。[③]

近年来，除却印度数据安全委员会（Data Security Council of India）、国

---

① V.N. Khanna, India's Nuclear Doctrine, New Delhi: Samskriti, 2000, p. 106.
② [美]斯蒂芬·科亨：《大象和孔雀：解读印度大战略》，刘满贵等译，北京：新华
出版社，2002年，第186页。
③ Melissa Hathaway, Chris Demchak, Jason Kerben, Jennifer McArdle and Francesca
Spidalieri, India Cyber Readiness at A Glance, Potomac Institute for Policy Studies,
2016.

家软件服务公司协会（NASSCOM）、印度工商联合会（Federation of Indian Chambers of Commerce and Industry）等行业组织外，包括国防分析研究所、观察家研究基金会、辩喜国际基金会、阿南塔·阿斯彭中心、印度基金会、协同效应基金会在内的智库也参与网络安全问题研究，组织国际网络安全合作相关活动及参与网络安全政策制定工作。①譬如协同效应基金会自2015年起邀请印度国家安全顾问等政要列席年度闭门会议"安全360"会议，探讨网络安全相关问题。②阿南塔·阿斯彭中心组织"印美战略对话"，联通印美网络安全沟通网络。③当然，在全球网络空间治理模式研究、密切印美网络安全交流合作方面，国防分析研究所、观察家研究基金会和辩喜国际基金会相较而言起着更为重要的影响作用。以下就上述三所智库对印度全球网络治理模式的影响方式和途径进行简要分析。

印度政府于2011年10月在联合国第66届大会上提议建立"50国网络相关政策委员会"（50-Nation Committee on Internet Related Policies）管理全球网络空间，这一提议同中国与俄罗斯等国提交的"信息安全国际行为准则"所主张的各国政府有权在网络空间行使主权和制定网络空间管理政策的"政府主导"模式不谋而合。④由政府主导的多边主义模式与美国主张的多利益攸关方模式相互冲突。2015年6月，印度政府在金砖国家会议上突然改变立场，宣称网络治理应当采用多利益攸关方模式。是年8月，印度政府正式宣布支持多利益攸关方模式。⑤

早在2012年，时任国防分析研究所所长古普塔便称网络安全国际对话需

① Shuchita Thapar, Mapping the Cyber Policy Landscape: India, Global Partners Digital, Global Partners Digital, 2017. https://www.gp-digital.org/wp-content/uploads/2017/05/India_mapping-report_final_2-1.pdf，2018年6月9日。

② 资料来源：http://www.synergiafoundation.in/event/synergia-conclave-security-360，2018年6月5日。

③ 资料来源：http://www.anantaaspencentre.in/track_II_dialogue.aspx，2018年6月5日。

④ International Code of Conduct for information Security, Annex to the letter dated 12 September 2011 from the Permanent Representatives of China, the Russion Federation, Tajikistan and Uzbekistan to the United Nations addressed to the Secretary-Generol, UN General Assembly Document A/66/359/，2018年6月8日。

⑤ Sanjeev Gupta, "India–US Cyber Relationship," *IDSA Comments*, June 14, 2016, https://idsa.in/idsacom men ts/ india–us–cyber–relationship_sgupta_140616，2018年6月9日。

听取所有利益相关方尤其是拥有通信技术基础设施的私营部门和民间社会组织的不同声音，并主张国际社会建立一个类似于联合国和平利用外层空间委员会的组织及法律与技术委员会，用以讨论全球网络治理问题。[①]2015年，古普塔担任印度副国家安全顾问领导参与第四次美印网络对话，两国代表就网络威胁、网络安全信息共享、打击网络犯罪、互联网治理和网络空间国家行为准则进行了讨论，两国最终达成以多利益攸关方模式进行国际网络空间治理的共识。[②]

　　辩喜国际基金会于2014年莫迪总理上台执政后不久组织召开网络安全研讨会，这也是该基金会自2010年首次召开相关会议后时隔4年召开的网络安全会议。会议邀请印度数据安全委员会和国家软件服务公司协会等行业组织领导、计算机应急小组总干事等政府官员及网络安全领域专家学者，就国家网络安全局势、政府网络安全政策、网络信息战争等问题进行讨论。[③]由于2013年印度政府颁布的"国家网络安全政策"缺乏具体实施计划，此次会议意在探讨国家网络安全政策的具体实施方案。随着2015年4月莫迪政府成立国家网络协调中心，渐次落实"国家网络安全政策"规划的相关政策。[④]从智库官方网站披露的有限信息来看，辩喜国际基金会与美国重要智库互动密切，且常充当印度官方指定代表团与他国政府、智库开展"一点五轨"和"二轨"外交交流活动。2015年辩喜国际基金会代表团参与由大西洋理事会和传统基金会组织的有关印美双边合作备忘录和四方会谈（美印日澳）问题的

① Arvind Gupta, "CBMs in Cyber Space: What should be India's Approach?" *IDSA Comments*, June 27, 2012, https://idsa.in/idsacomments/CBMsinCyberspace_ArvindGupta_270612，2018年6月9日。

② Munish Sharma, "India : US : China : US-Cyber and Bilateral Visits," *IDSA Comments*, June 9, 2016, http s://idsa.in/idsacomments/india-us-china-us-cyber-and-bilateral-visits_msharma_090616, 2018年6月9日。

③ Vivekananda International Foundation, "Round Table on Cyber Security," September 18, 2014, http://ww w.vifindia.org/event/report/2014/september/24/round-table-on-cyber-security, 2018年6月8日。

④ Sanjeev Gupta, "India-US Cyber Relationship," *IDSA Comments*, June 14, 2016, https://idsa.in/idsacomm ents/ india-us-cyber-relationship_sgupta_140616, 2018年6月8日。

讨论。①

　　观察家研究基金会于2013年设立网络安全和互联网治理项目，且一直致力于倡导多利益攸关方参与网络空间治理。基金会开发该项目的出发点在于服务信实工业有限公司商业需求，以达到推动多利益攸关方参与网络治理与国际网络安全合作的目的。该司董事长穆克什·安巴尼（Mukesh Ambani）称，将大力建设网络安全系统以维护企业信息安全，与此同时开拓公司信息安全维护方案的销售市场。②自项目生成之后，基金会与蒙特雷海军研究院于2013年12月联合举行"美印年度战略对话"，对话内容涉及印美网络治理模式差异性比较，认为两国不同的治理模式导致网络治理主权界定方面未能达成普遍共识。③2014年1月，在基金会组织召开的研讨会上，多数与会者一致认为多利益攸关方模式是适合网络空间治理的最优模式，非政府行为体在国际网络安全治理中应发挥促进作用。④

　　2014年10月，由观察家研究基金会与传统基金会（美国）联合出版《印美互联网治理与网络安全合作》报告。⑤报告强调尽管印美网络安全治理能力存在极大的不对称性、两国在国际网络和监管政策上存有严重分歧，不过考虑到印美两国在规范网络安全领域存在共同利益诉求，扩大印美网络安全对

① Vivekananda International Foundation, "VIF Delegation in Washington DC," November 3, 2015, http://www. vifindia.org/event/report/2015/november/20/vif-delegation-in-washington-dc, 2018年6月8日。

② Ullekh N.P., "As govt gears up against digital attacks, Mukesh Ambani's RIL bets big on cyber security sector," *The Economic Times*, October 13, 2013, https://economictimes.indiatimes.com/tech/internet/as-govt -gears-up-against-digital-attacks-mukesh-ambanis-ril-bets-big-on-cyber-security-sector/articleshow/24056833.cms. 2018年6月8日。

③ Observer Research Foundation, "India- U.S. Strategic Dialogue 2013: India, U.S. on the same page on rising Chinese might," December 12, 2013, http://www.orfonline.org/research/india-us-strategic-dialogue-2013-in dia-us-on-the-same-page-on-rising-chinese-might/, 2018年6月9日。

④ Observer Research Foundation, "Cyber adversaries may go after private sector systems: Experts," January 17, 2014, http://www.orfonline.org/research/cyber-adversaries-may-go-after-private-sector-systems-expe rts/, 2018年6月9日。

⑤ The Heritage Foundation, "The Cyber Bridge to Improved India-U.S. Cooperation," October 31, 2014, https://www. her itage.org/asia/commentary/the-cyber-bridge-improved-india-us-cooperation, 2018年6月9日。

话和国际网络安全合作具有必要性。[1]其中，观察家研究基金会副董事、印度
网络安全与互联网治理年度会议主席萨兰（Samir Saran）称，全球网络空间
管理在联合国框架下未能取得长足进展的情况下，邀请多利益攸关方参与制
定全球网络空间管理政策符合国际发展需求。[2]基金会也不讳言对多利益攸关
模式的疑虑，[3]但仍强调单靠政府不足以满足网络安全治理投资需求，认为需
要引进相关利益方参与网络安全管理工作。[4]

为了密切与印度政府官方往来关系，自2014年起，观察家研究基金会组
织召开印度网络安全与互联网治理年度会议，会议曾邀请电子和信息技术部
部长、副印度国家安全顾问、国家网络安全协调员等国内政要及国外政府官
员、外企代表参会。会议涉及多利益攸关方模式、网络空间规范、全球网络
市场、网络信息与治理等议题。[5]此外，观察家研究基金会也举办"互联网管
理方式：印度利益相关方观点"等小组讨论会，会议邀请印度议会议员、行
业组织领导及电子和信息技术部官员等人员参与讨论，强调整合国内各界对
印度参与全球网络空间治理相关观点的必要性。[6]

早在2012年第七届互联网治理论坛上，印度时任电子和信息技术部部长
西巴尔（Kapil Sibal）便提出积极支持采用多利益攸关方模式进行全球网络空
间管理，但这并不能代表"印度观点"，因为直至2015年6月第53届"互联网
名称与数字地址分配机构（ICANN）会议"召开前夕，印度政策决策阶层在

---

[1] Observer Research Foundation, "Towards An International Treaty on Cyber Security: A Bilateral Dialogue Between India and The U.S.," November 21, 2014. http://www.orfonline.org/article/towards-an-international-treaty-on-cyber-security-a-bilateral-dialogue-between-india-and-the-us/, 2018年6月9日。

[2] Samir Saran, "International Internet Governance," in Observer Research Foundation, Indo-US Cooperation on Internet Government & Cybersecurity, October 2014.

[3] 如因为存在主权界定困难、发展中国家利益攸关方参与度不足、多利益攸关方资金同源化容易引发各方观点同质化、跨国企业和行业精英群众代表性不强、各国在言论自由范围的界定上无法达成普遍共识等问题。

[4] Samir Saran and William Poff-Webster, "Reimagining Multistakeholderism: Challenges for Internet Gover- nance," *ORF Issue Brief 84*, December 2014.

[5] Observer Research Foundation, ORF Annual Report 2015, p. 16.

[6] Vindu Mai Chotani and Anahita Mathai, "India needs to refine its position on Internet Governance," ORF Event Reports, September 3, 2015, https://www.orfonline.org/research/india-needs-to-refine-its-position-on-internet-governance/, 2018年6月10日。

全球网络治理模式上尚未达成统一共识。①因此，印度政府在全球网络治理模式的决策上本身存有极大的不确定性。加之受研究资料限制，目前未能对智库影响印度政府改变政府主导的多边主义模式转而支持多利益攸关方模式的影响程度作出精确评估。不过，通过上述分析，可以发现三大智库因隶属关系差别在全球网络治理问题上采用的不同影响方式、具体影响途径和影响地位。国防分析研究所研究人员担任政府要职、直接影响对外政策决策；政党关联智库辩喜国际基金会组织探讨国家整体政策规划方案、作为官方指定智库参与政府平行外交活动、召集国家政要与行业精英探讨关键议题，不过基金会关键信息鲜有披露，研究活动与研究成果更具隐蔽性，基金会部分重要人员的多重身份也便于其影响政府对外决策；具有财团背景的观察家研究基金会着力从外部积极推进其政治倡议，依托财团雄厚资金通过媒体宣传、国际合作研究、研讨会和国际性会议扩大其政治倡议影响力。由此可见智库资金和政治关系网络直接影响着智库政治主张的影响力。

三、团家族智库与印度政府压制左翼敌对组织政策

以印度国民志愿服务团（RSS）为核心的团家族奉行较为偏右的宗教民族主义意识形态，与左翼势力特别是极"左"武装可谓水火不容，一直谋求对付左翼势力特别是极"左"武装斗争。整个团家族建立了庞大的智库体系，围绕这一领域做了大量工作，其具体做法可归纳如下。其一，建立教育智库，与左翼意识形态斗争。为了抗衡左翼意识形态叙述，国民志愿服务团拟建立教育智库（Education think-tank），成员由德里大学和尼赫鲁大学教授组成。2018年1月，与印度中央政府人力资源开发部部长关系密切的达塔特瑞亚·豪斯贝尔（Dattatreya Hosabale）、印度青年阵线全国组织秘书苏尼尔·安贝卡尔（Sunil Ambekar）、马哈拉施特拉邦部长维诺德·陶迪（Vinod Tawde）等人员聚会探讨了教育智库建设事宜，②相关互动呈加速推进之势。

① Observer Research Foundation, "India Swings the Other Way at ICANN," July 1, 2015, https://www.orfonl ine.org/article/india-swings-the-other-way-at-icann/, 2018年6月10日。

② Kritika Sharma, "RSS plans education think-tank," *DNA*, January 18, 2018, https://www.dnaindia.com/india/r eport- rss-plans-education-think-tank-2576338, 2019年11月4日。

　　其二，通过影响政府政策打击左翼对手。2018年1月1日，大约30万达利特人聚集在马哈拉施特拉邦浦那附近的克雷岗村（Bhima Koregaon），庆祝英国东印度公司征服印度马拉塔帝国佩什瓦（Peshwa）政权200年。活动激怒了右翼团体，引发了袭击事件，一名28岁的达利特人在群体冲突中死亡。[①] 作为回应，达利特人的抗议活动在次日迅速蔓延到孟买及附近多个城市。团家族智库国家安全综合论坛的斯米塔·盖克瓦德（Smita Gaikwad）在对克雷岗村暴力冲突进行调查后于3月发布《2018年1月1日克雷岗村暴动报告》（Report On Koregaon- Bhima Riot on January 1, 2018）。报告将暴力事件归咎于所谓"毛派"阴谋，称左翼组织在冲突发生前组织了2场游行并发表煽动性讲话，建立了观念扭曲的历史委员会，企图动员达利特人进行种姓斗争。报告指责警方忽视种种迹象之间的联系，称警方如能迅速采取行动，后续冲突和暴行事件本可以避免。[②] 随后，由盖克瓦德领导、另一团家族智库辩论与思想论坛（Vivek Vichar Manch）组织的所谓真相调查委员会于4月发布调查报告。完全继承了盖克德此前的观点。[③] 值得一提的是，冲突刚发生不久，浦那警方的调查目标就集中在两名印度教特性（Hindutva）活动人士身上，指控其通过发表煽动性讲话鼓励暴力行为。6月，却转而逮捕了调查报告中点名的所谓与达利特人和阿德瓦西人（Adivasis）联合煽动暴力事件的活动人士，指控其利用克雷岗村举行的达利特纪念活动，为"毛派"破坏政府争取支持。[④] 这一转向和后续说法，与调查报告的结论再次不谋而合。

　　若将马哈拉施特拉邦由印度人民党和湿婆军联合政府治理、两所智库的

---

① 田瑞哲：《印度低种姓工人发起罢工抗议 孟买城市秩序混乱》，环球网，2018年1月4日，https://world.huanqiu.com/article/9CaKrnK6eOo，2019年11月4日。

② Smita Gaikwad, Report On Koregaon–Bhima Riot on January 1, 2018, Forum for Integrated National Security, 2018, https://finsindia.org/wp-content/reports/Koregaon%20Bhima%20report%20final%20080318.pdf, 2019年11月4日。

③ "RSS backed fact-finding committee blames Maoists for Bhima-Koregaon violence," *The New Indian Express*, April 25, 2018, http://www.newindianexpress.com/nation/2018/apr/25/rss-backed-fact-finding-committee-blames-maoist s-for-bhima -koregaon-violence-1806348.html, 2019年11月4日。

④ Mridula Chari, "Bhima Koregaon case: A curiously prescient report puts focus on a Mumbai security think tank," *Scroll in*, August 31, 2018, https://scroll.in/article/892586/a-month-before-police-raids-security-think-tank-report-alleged-maoist-link-t o-bhima-koregaon-events, 2019年11月4日。

特殊背景、警方调查活动的突然转向联系考虑，则不得不让人产生团家族智库影响政府政策，及政府借助智库理论乘机打击左翼敌对势力的联想。

第三节 智库对印度外交和安全决策的
影响限度

政府活动规模和国家能力的增长，对高质量政策研究和公共外交的需求，给智库参与印度外交决策注入了极大动力。然而，不论是在参与渠道、影响领域还是在研究质量方面，智库都受到多重因素的制约，参与影响的效果由此受到限制。因此，智库对政府外交决策的影响力不宜过于夸大。

一、智库研究质量限制

智库政策研究质量参差不齐，主要是受资金、研究人员、研究信息资料不足的限制。由于智库数量庞大，加之印度国内企业和个人对智库资助的热情并不高，使得智库因资金紧缺易于陷入运营瘫痪的窘境。缺乏资金，则难以聘请优秀专家。而没有专家和足够的研究资料为支撑更无法保证高质量的研究产出，这又将使智库难以吸引资金维持生存。因此，研究成果的质量与资金、人才、研究信息资料之间构成直接的影响关系。印度国际经济关系研究委员会前会长拉吉夫·库马尔（Rajiv Kumar）称，印度企业之所以不愿意资助本土智库，"（智库的）品牌价值和研究质量是主要原因"。[1]

在研究人才方面，首先，多数智库缺乏资金，智库本身对人才的吸引力弱。其次，研究人员的项目合同聘任制导致研究人员流动性大。"因事用人"的用人思路，虽然在节约智库研究资源、摆脱既有思维定式和培养优秀

---

[1] Avinash Celestine, "Why India's Think-Tank Community Fails in Raising Funds from Indian Enterpreneurs," *Economic Times*, April 8, 2012, https://economictimes.indiatimes.com/news/company/corporate-trends/why-India's-think-tank-community-fails-in-raising-funds-from-indian-entrepreneurs/articleshow/12572201.cms, 2019年11月18日。

人才方面起着积极作用，但是研究人员的高度流动性也易于造成研究队伍研究素养不足，具有丰富研究经验的研究人员在工作几年后带着丰富的经验积累和知识储备离开，无法实现研究队伍中的代际传递。新进研究人员需依靠个人积累重新获取经验与知识，等工作几年稍具研究素养后又离开了。[1]智库研究人员高度流动导致研究队伍呈现出"中空"架构，造成专业性研究人才匮乏，研究成果亦乏善可陈。[2]因此，印度大多数智库发展薄弱，研究成果的可信度也长期为学界所质疑。[3]从印度国内智库的发展现状来看，较具影响力的往往是资金雄厚、官方人脉广阔的智库。

二、政府接受程度限制

政府对智库政策意见的接受程度主要取决于智库的制度化参与程度和政府对智库的友好程度。制度化参与方式包括智库研究人员作为正式成员参与政府会议和委员会、参与政策执行并提供公共物品的直接参与方式和通过参加听证会、提交法案、法律诉讼等合法性间接参与方式。政府对智库的友好程度主要体现在政府对智库资金资助、政策信息供应、政府官员与智库的交往互动上，政府对智库的友好程度越高，其接受智库政策的可能性也就越大。

印度智库在制度化参与方面，"在外部专家入主经济、技术部门的同时，国家安全部门仍然不受外部渗透"。[4]印度早在尼赫鲁扶政时期便重视经济学家的作用。计划委员会、印度统计研究所、德里经济学院、国家应用经济研究理事会的成立聚集了大批经济学家，就国家经济政策出谋划策。英·甘地时期继承了聘任外部经济专家的传统，达尔（P. N. Dhar）和森古普塔（Arjun Sengupta）等经济学家都成为总理办公室人员。莫迪政府执政后又

---

[1] 曾祥裕："国防分析研究所"，四川大学南亚研究所课题组：《南亚智库研究》（第一辑），北京：时事出版社，2018年，第13页。

[2] Akshay Ratan, "Think-Tanks and their Emerging Role in Indian Policy Making," *Finance Articles*, February 22, 2016, https://www. mbas kool.com/business-articles/finance/15891-think-tanks-and-their-emerging-role-in-indian-policy-making. html, 2018年2月27日。

[3] Rahul Singh, N. N. Sharma and U. Jha, "Think Tanks, Research Influence and Public Policy in India," *Vision*, Vol. 18, No. 4, 2014, pp. 289-297.

[4] C. Raja Mohan, "The Re-making of Indian Foreign Policy: Ending the Marginalization of International Relations Community," *International Studies*, Vol. 45, No. 1-2, 2010.

撤销计划委员会，成立印度国家转型委员会，邀请非政府专家学者就经济改革事务出谋划策。政府和智库之间的经济学家横向流动的传统使这一行业能够进行政策相关和有意义的政策性研究。

在国际关系、外交和战略事务领域，依据智库对政策过程参与的主动性，可分为主动参与和委托参与两种政策参与方式。首先，智库受政府部门委托或由政府部门布置的专项任务开展的研究易于为政府所采纳。因为这本身即为政府出于自身需求所希望获取的外部调研和现实信息。其次，智库主动参与的宏观问题战略研究则不太容易为政府所采纳，因为宏观问题研究成果不一定契合政府的短期政策需求，而且参与外交部政策研究计划司相关项目研究和组织活动、成为国家安全顾问委员会顾问是智库影响政府外交决策最为直接的方式。智库研究往往易于打破已有政策框架，这是其他部门所不愿接受的。[①]最后，印度政府本身尚未建立方案解决机制，外交决策往往取决于总理及其国家安全顾问等关键性人物的想法，政府决策过程具有非正式性。[②]与此同时，印度外交部门在智库如何参与决策机构活动上并未推出颇具系统性的建言机制，智库的政策建议需要依仗非制度化方式进行疏通。这种非制度化参与方式往往难以确定智库影响有多大。为众人所熟知的政府体制外影响事例，通常与研究人员依托个人网络向上疏通有关。因此，"参与影响印度外交政策的事例更多是关于某些个人而非机构组织。"[③]"在战略和外交政策领域，苏布拉马尼亚姆这样的偶像是一个例外而不具有普遍性。"[④]

印度政府对智库的友好程度方面，政府官僚通常以智库研究过于理论化、研究成果的实用性不足为由而拒不接受。首先，这与智库因资金匮乏无法进行实地考察、政府垄断外交和安全战略领域信息、专业研究人员不足有

① 曾祥裕："国防分析研究所"，四川大学南亚研究所课题组：《南亚智库研究》（第一辑），北京：时事出版社，2018年，第29页。

② Kishan S. Rana, "Diplomacy Systems and Processes: Comparing India and China," *China Report*, Vol. 50, No. 4, 2014, pp. 297–323.

③ Amitabh Mattoo, Rory Medcalf, "Think-Tanks and Universities," in: David M. Malone, C. Raja Mohan and Srinath Raghavan (eds.), *The Handbook of Indian Foreign Policy*, Oxford: Oxford University Press, July 2015, pp. 271–284.

④ Sanjaya Baru, "Can Indian Think Tanks and Research Institutions Cope with the Rising Demand of Foreign and Security Policy Research?" *ISAS Working Paper*, No. 67, 2009.

着莫大的关系。尤其是信息获取方面，就外交部来说，部门人员高度精英化，外交官职业荣誉感强烈、任职时间长。外交部门垄断国家安全信息，总"以一种怀疑的眼光看待外人"。就像印度著名战略分析家苏布拉马尼亚姆所说的，当一个非政府分析家提出政府不能接受的观点时，官方人员只是以这个观点不"基于现实"为由而予以驳斥。其次，政府对智库研究成果接受度低也与智库研究人员往往专注于孤立的研究，缺乏对政策制定流程和决策制度的清晰认识，造成研究成果与决策需求存有出入不无关系。①

　　总而言之，自印度独立以来，政策决策者、专家和大众之间的联系疏远，通常以非正式网络的方式，以小部分人为代表与政府决策者进行联络。近30年来，联合政府执政促进了政治决策者与外界学者之间的联系。虽然智库的影响力有所上升，但是本身仍处于核心决策圈之外。由于缺乏正规的影响渠道，信息的不对称导致政府外部从事国际关系、外交和安全战略事务领域的研究人员的政策敏感性不足，加之智库本身在研究人员和资金运作上存在的先天性缺陷、对政府决策模式认识不足，导致在政策研究和政策影响力方面大打折扣。不过，虽然在外交和安全事务领域对政策决策的影响不强，多数智库仍充当政府政策宣传、"二轨外交"的角色。对于不具备官僚网络资源的智库而言，往往选择通过舆论造势塑造公众意识，以退而求其次的方式给政策决策者制造舆论压力，扩大自身影响力，以吸引智库生存发展资金。这种方式在长期塑造公众意识和间接影响政策决策者意识方面起着关键性作用。

---

① Arvind Gupta, "IDSA's Interface with Policy," *Strategic Analysis*, No. 5, Vol. 39, 2015, pp. 566-571.

第四章

智库影响：以团家族智库为例

团家族指以国民志愿服务团（RSS）为核心，以印度教特性（Hindutva）为理论基础，以印度教民族主义为指导思想的团体组织联盟，具体包括印度人民党（BJP）、世界印度教徒联合会（VHP）、"印度维迪亚"学校体系（Vidya Bharati）、印度劳工工会（BMS）、印度农民协会（BKS）、印度妇女服务委员会（RSS）、国民觉醒阵线（SJM）、全印学生联合会（ABVP）等各方势力。团家族智库即具备团家族背景，旨在影响印度公共政策的智库。国民志愿服务团自称为文化组织，致力于从基层改造印度教社会，①但以其为核心的团家族群体快速增长，已渗透到印度社会各领域，部分家族成员已直接参与影响公共政策活动。2014年以印度人民党为首的全国民主联盟联合政府上台后，团家族与执政党的特殊关系不但给予其特殊的政治保护，国民志愿服务团的纽带也使团家族各单位包括相关智库具备了与当局进行政策协调，进而影响公共政策的有利条件。

本章拟从宏观层面，论述团家族智库的发展现状，梳理团家族智库对政府政策制定过程的各阶段即问题确认、议程设定、政策形成、政策合法化、政策执行和政策评估的影响与相关机制，并以此为基础，进一步从微观层面探究团家族智库政策影响的突出特点。

---

① Arvind Gupta, "IDSA's Interface with Policy," *Strategic Analysis*, No. 5, Vol. 39, 2015, pp. 566-571.

第一节 团家族智库发展概况

印度独立后，国大党代表的世俗主义成为国家发展路线，以国民志愿服务团为代表的印度教教派势力处于受压制状态。国民志愿服务团甚至因涉嫌参与暗杀圣雄甘地而被尼赫鲁政府列为非法组织，其领袖被捕入狱，组织活动遭禁。此后，当局又迫于国民志愿服务团组织的大规模反政府示威的压力，与其谈判并达成协议，限定国民志愿服务团只能在文化社会领域活动，不得介入政治事务。以此为前提条件，印度政府1949年7月解除了对国民志愿服务团的禁令。[①]因此，早期的团家族智库多以传播印度教文化为主，致力于对公众进行意识形态教育。1968年，为纪念团家族著名活动家和印度人民同盟领导人丁达雅尔·乌帕迪雅雅而成立丁达雅尔研究所（Deendayal Research Institute），主要开展社会经济研究和应用研究；1969年成立印度教育会（Bharatiya Shikshan Mandal），致力于推动印度教育体制"印度化"（2018年又成立其姊妹机构复兴研究基金会，即Research for Resurgence Foundation）；1978年成立全印历史改革项目（Akhil Bharatiya Itihas Sankalan Yojana），旨在开展印度历史研究和史籍编纂工作，以图从印度教民族主义的角度撰写印度历史。

到了20世纪80年代，国际性的伊斯兰激进主义兴起，印度国内的穆斯林运动也随之高涨，侧面刺激印度教教派主义思潮和势力再次抬头，[②]国民志愿服务团的政治翼印度人民党正式成立并不断壮大，在第11—13届大选中均保持了议会第一大党的地位并两次上台执政，直到2004年下野。这一时期，团家族的公共政策参与性随之增强，智库功能建设多样化，兼具社会文化和公共政策研究导向。在文化思想领域，1982年成立团家族的总智库印度思想中心（Bharatheeya Vichara Kendram）；1994年成立智慧源流组织（Prajna Pravah），自称要摆脱欧洲中心主义的影响，实现印度教文化复兴；2007年

[①] 刘嘉伟主编：《印度社会政治发展与印度国民志愿服务团》，成都：四川美术出版社，2018年，第3页。
[②] 江亦丽：《橘黄旗下的联盟——印度教教派组织国民志愿服务团（RSS）剖析》，载《南亚研究》，1994年第2期，第58页。

成立教育文化促进基金会（Shiksha Sanskriti Utthan Nyas），试图通过改革教学大纲、教育体制、教学方法、教育政策的方式，建立印度化的国家教育系统。在公共政策研究领域，1982年建立拉姆鲍·马利吉学院（Rambhau Mhalgi Prabodhini），负责组织培训社会活动家、政治家及其他相关工作人员。

在印度人民党2004年下野后的10年里，团家族迅速在新德里建立起多所公共政策研究智库，宣传以印度教特性为核心的印度教民族主义思想和政策主张，具体包括辩喜国际基金会、印度基金会、公共政策研究中心、慕吉克研究基金会、印度政策基金会、战略与安全研究论坛、政策研究中心（Centre for Policy Studies）和国家综合安全论坛。[1]2014年印度人民党再次上台组阁，上述智库一跃成为新德里智库群体中最活跃的公共政策参与者。此外，诸如印度劳工工会（BMS）、印度农民协会（BKS）、国民觉醒阵线（SJM）等具有政策指向型的团家族成员也成立了研究机构，以图借助智库研究成果支持其政策立场。[2]

经过多年的发展，团家族智库在数量上已小有规模，研究方向也已全面覆盖国家安全、国际关系、科学技术、社会治理、人口和宗教、文化、宪法法律、民族、传统安全与非传统安全等各个领域。就目前较为活跃的几所公共政策研究智库的发展现状来看，主要呈现出以下特征。

首先，人员交叉且流动频繁。其一，部分团家族高官在多所智库交叉担任要职。印度联邦院（Rajya Sabha）议员斯瓦潘·达斯古普著（Swapan Dasgupta）既是印度基金会理事会成员兼基金会主任，也是慕吉克研究基金会咨询委员会成员；联邦院议员、印度人民党副主席、印度文化关系委员会（Indian Council for Cultural Relations）主席维奈·萨哈斯拉菩提（Vinay Sahasrabuddhe）既是印度基金会理事会成员，也是公共政策研究中心名誉主任，还是慕吉克研究基金会董事和拉姆鲍·马利吉学院管理委员会副主

---

[1] 刘嘉伟主编：《印度社会政治发展与印度国民志愿服务团》，成都：四川美术出版社，2018年，第48页。

[2] Charu Kartikeya, "8 RSS Think Tanks that are Competing for Intellectual Space in Delhi," *Catch News*, August 28, 2015, http://www.catchnews.com/india-news/eight-rss-think-tanks-that-are-competing-for-the-intellectual-space-144070 3010.htht, 2018年3月13日。

席；印度广播公司（Prasar Bharati）主席A·苏利耶·普拉卡什（A. Surya Prakash）既是印度基金会信托委员会成员，也是辩喜国际基金会咨询委员会成员；斯瓦米纳坦·古鲁穆尔蒂（Swaminathan Gurumurthy）既是辩喜国际基金会理事会主席、执委会主席，也是印度政策基金会理事会成员。J.K.巴贾杰（J. K. Bajaj）既是慕吉克研究基金会咨询委员会成员，也是政策研究中心（Centre for Policy Studies）主任，还是科学与工业研究理事会（Council for Scientific and Industrial Research）咨询顾问。印度人民党全国执行委员会委员谢沙德瑞·查里（Seshadri Chari）既是战略与安全研究论坛理事会主席，也是国家综合安全论坛秘书长。其二，研究人员多在多家团家族智库先后履职。比如，慕吉克研究基金会负责人阿尼班·甘古力（Anirban Ganguly）曾任辩喜国际基金会研究员，拉姆·马达夫（Ram Madhav）任印度基金会主任之前曾任印度政策基金会主任。①其三，团家族各类社会群体和特定事业组织均参与了智库建设。譬如，印度基金会研究人员拉丽塔·库马拉曼加兰（Lalitha Kumaramangalam）原任国家妇女事务委员会主席，目前兼任非政府组织"自然"（Prakriti）的管理人；维贾雅拉克希米·维贾亚库玛（Vijayalakshmi Vijayakumar）是文化和自然遗产领域非营利信托组织的创始人；辩喜国际基金会的斯瓦米纳坦·古鲁穆尔蒂是经济游说组织国民觉醒阵线（SJM）主席。

团家族智库之所以结成了较高密度的关系网络，首先是由于研究者资源不够丰富，导致少数有影响力的高级别研究人员必须频繁游走于多所智库之间。再就是国民志愿服务团对团家族成员的人事安排，使得团家族智库组织领导层形成一个人为的闭环。人员的交叉和流动有利于创造统一的舆论氛围，非政府组织的加入更便于以智库研究成果为依据动员群众，从思想和行动上影响公共意识，智库政策主张的影响力也随之扩大。

其次，重视宣传。除了日常的官方网站运营、常规性会议、论坛讲座外，团家族智库还通过三种方式扩大政策影响力。第一，专门开辟政治领导人的宣传窗口，充当政府政治宣传的喉舌。慕吉克研究基金会在官方网站专门开辟"莫迪总理观"（PM Modi's Vision）专栏，每日推送莫迪总理演说

① Walter Andersen, Shridhar D. Damle, *Messengers of Hindu Nationalism: How the RSS Reshaped India*, London: Hurst and Company, June 15, 2019, p. 72.

要点。①公共政策研究中心推出"言行一致"（"Walks the Talk"）系列报告，从农业、工业、制造业和中小企业、经济、文化、科技、社会等领域论证以印度人民党为首的全国民主联盟联合政府兑现了2014年的就职承诺，以服务于印度人民党的全国和地方选举工作。②第二，聘任社会知名社评人员，提升智库政策影响力。譬如，辩喜国际基金会执行委员会副主席暨基金会创始人之一的斯瓦米纳坦·古鲁穆尔蒂本是国民志愿服务团著名媒体人物，曾被评为印度最具影响力的50人之一，2015至2017年连续3年被《今日印度》（India Today）列入最具影响力人物榜单。③印度基金会理事会成员兼基金会主任斯瓦潘·达斯古普塔是印度过去30年来最受欢迎的政治专栏作家之一，几乎在印度所有主要出版社担任过高级编辑职务，2015年获印度总统授予的莲花装勋章（Padma Bhushan），被誉为杰出贡献人物。④第三，掌控全国性传媒机构，如印度基金会理事会成员A.苏利耶·普拉卡什是印度广播公司主席等。印度广播公司虽无多大政治权力，但其作为全国性传媒机构却具有塑造历史观念、社会思潮乃至话语体系的巨大潜力，⑤值得高度重视。

再次，发展迅速。自2014年莫迪执政后，辩喜国际基金会、印度基金会瞬间从不太起眼的研究机构一跃成为政府要员频繁出入的"交际所"，部分机构短短几年间已成为在印度国内外得到广泛认可的著名智库。部分团家族智库2015和2018两年在全球和印度国内智库之中的基本排名情况可参见下表。

---

① Archis Mohan, "Ram Madhav: Modi's ambassador at large," *Business Standard*, November 29, 2014, https://www.business-standard.com/article/specials/ram-madhav-modi-s-ambassador-at-large-114112800875_1.html, 2019年11月4日。

② Dr Syama Prasad Mookerjee Research Foundation, http://www.spmrf.org/category/pm-modis-vision/, 2019年11月4日。

③ Public Policy Research Centre, http://pprc.in/Research-Based-Monograph, 2019年11月4日。

④ Vivekananda International Foundation, https://www.vifindia.org/author/shri-s-gurumurthy, 2019年11月4日。

⑤ India Foundation, https://indiafoundation.in/board-of-governors/, 2019年11月4日。

部分团家族智库所在《2015年全球智库排名报告》中的排行情况

类别	辩喜国际基金会		印度基金会		慕吉克研究基金会	
	全球排名	国内排名	全球排名	国内排名	全球排名	国内排名
全球智库排行（不含美国）	137	9	—	—	—	—
最佳政党关联智库	40	2	—	—	33	1

资料来源：James G. McGann, 2015 Global Go to Think Tank Index Report, Philadelphia PA USA: University of Pennsylvania, 2016, p. 48, 124。

部分团家族智库所在《2018年全球智库排名报告》中的排行情况

类别	辩喜国际基金会		印度基金会		慕吉克研究基金会	
	全球排名	国内排名	全球排名	国内排名	全球排名	国内排名
全球智库排行（不含美国）	135	10	——	——	——	——
中印日韩智库排行	68	23	90	31	——	——
最佳政党关联智库	38	3	37	2	32	1

资料来源：James G. McGann, 2018 Global Go to Think Tank Index Report, Philadelphia PA USA: University of Pennsylvania, 2019, pp. 60, 87, 88, 198。

最后，注重人才培养。除了智库自身直接推行青年实习生项目外，印度近年来还出现联络智库和青年的中介组织，以及主打政策培训的专业智库。2006年，极具右翼印度教民族主义背景的"思考印度"论坛（Think India）成立。[1]该组织发起名为"NITI"的公共政策实习项目，搭建学生与新德里智库之间的联合研究网络，旨在培养未来的决策者和政策研究人员，指导其制定政策并分析政策的社会影响。[2]参与该项目的主要包括公共政策研

① 曾祥裕、张春燕："印度人民党与印度国民志愿服务团：协调、分歧与未来走向"，载《南亚研究季刊》，2017年第4期，第87页。
② Think India, https://www.thinkindiaorg.in, 2019年11月4日。

究中心、慕吉克研究基金会、印度政策基金会、查谟和克什米尔研究中心
（Jammu Kashmir Study Centre, JKSC）等团家族智库。项目每期接收实习生
25人，截至目前已有超过250人参与该项目。此外，2014年11月成立的展望
印度基金会（Vision India Foundation）重点开展面向国内外青年的公共政
策和管理培训项目，包括行政人员公共政策项目（Public Policy Program for
Executives）、良好治理参访巡行（Good Governance Yatra）、政策训练营
（Policy BootCamp），培训时间在1周到15周之间，[①]具有国民志愿服务团背
景的R.巴拉苏布拉马尼亚（R. Balasubramaniam）、拉姆·马达夫、维奈·萨
哈斯拉菩提等人均在基金会中担任导师。由团家族智库组织开展的各项公共
政策培训活动，均是其培养政策研究人员、传播智库政策观点的常用途径。

第二节 团家族智库对政府政策的影响

　　根据托马斯·R.戴伊的理论，政策制定一般会经历问题确认、议程设
定、政策形成、政策合法化、政策执行和政策评估等六大步骤。这些过程往
往同时发生或相互交织，不同的政治行为主体与机构可在同一时间参与不同
的政策过程。[②]出于系统了解政策制定过程的目的，本书仍将政策制定过程分
解为几个组成部分。以下列出智库参与政府政策活动过程的行为图。

---

① Think India, https://www.thinkindiaorg in/Niti.php, 2019年11月4日。
② Vision India Foundation, https://visionindiafoundation.com/p3e/, 2019年11月4日。

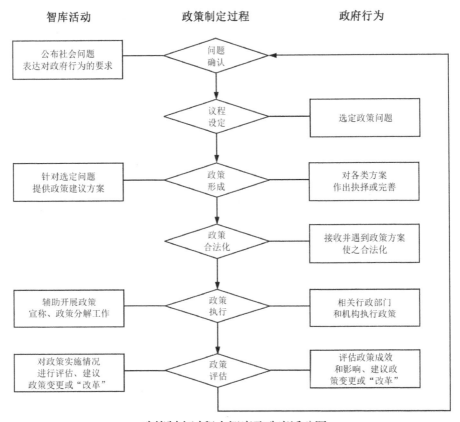

政策制定过程中智库及政府活动图

资料来源：托马斯·R·戴伊：《理解公共政策》，北京：中国人民大学出版社，2010年，第28页。

　　衡量智库成果的标准是研究成果及其对公众舆论、政策偏好、政府决策的影响程度。然而，评估智库对公共政策的影响却尤为棘手。连深度参与公共政策影响的辩喜国际基金会主任阿尔文·古普塔（Arvind Gupta）也感叹，政策主张不自带DNA，无法测试其政策方案的母本，认为确定智库对特定决政的影响程度确实是艰巨的方法论难题。①下文主要以印度废除宪法第370条为例，按照政策制定的一般过程梳理国家族智库在宪法第370条废止前后的公共政策参与情况，分析重点智库对政策的影响与主要途径。

────────────

① [美]托马斯·R·戴伊：《理解公共政策》，北京：中国人民大学出版社，2010年，第27页。

一、形成政策问题：查谟和克什米尔研究中心

右翼印度教民族主义势力关于废除宪法第370条[①]的想法由来已久。废除克什米尔的特殊宪法地位一直是印度教民族主义的三大核心目标之一。自20世纪50年代初以来，团家族年度会议共通过51项克什米尔问题决议，其中多数要求废除第370条。[②]早在1952年11月17日《印度宪法》第370条正式实施和赋予印控克什米尔特殊的"自治地位"时，便在北方印度教腹地的印度教狂热分子中引起强烈反弹。1952年，在人民同盟（Bhartiya Jan Sangh）[③]和国民志愿服务团等组织的支持下，全查谟-克什米尔人民委员会（All Jammu and Kashmir Praja Parishad）发起抗议运动，要求印控克什米尔完全加入和融入印度。[④]此后多年，印度中央政府对印度宪法进行多次修订，不断侵蚀着印控克什米尔的自主权，[⑤]而印度国内关于存废宪法第370条的争执不断。以

---

① Arvind Gupta, "India's Strategic Think Tank: The Institute for Defense Studies and Analyses," in James G. McGann (eds.), Think Tanks, *Foreign Policy and the Emerging Powers*, Cham: Palgrave Macmillan, July 10, 2018, p.212.

② 印度宪法第370条属于第21章"临时、过渡性与特别条款"下的关于查谟-克什米尔的临时条款。条款规定：查谟-克什米尔邦不适用宪法第238条规定的总统任命邦长的权力，仅适用宪法第1条（即查谟-克什米尔邦属于印度领土的一部分）和第370条的规定；联邦议会针对该邦制定的立法范围限于《加入协议》中规定的国防、外交和通信领域；在征得邦制宪会议同意的前提下，印度总统有权宣布查谟-克什米尔邦的具体立法权，及宣布废除第370条、设定该条款的例外或对该条款进行修改。根据这一规定，时任印度总统于1954年颁布总统令，在印度宪法中增补了第35A条，允许查谟-克什米尔邦议会制定地方性立法，且该邦永久居民拥有在政府就职、购置不动产、邦内定居、获得奖学金及其他邦政府援助项目等印度其他公民在邦内不得享有的权利。（The Constitution of India, January 26, 1950, pp. 243–244, pp. 360–361.）围绕这一问题，印度国内长期存在分歧，拥护者认为这是历史的产物，有利于克什米尔维护其特性，有利于争取克什米尔民心，归根结底是有利于印度统一的；反对者则认为上述条款令克什米尔成为"国中之国"，不利于国家整合，不符合人人平等的宪政原则。

③ Shyamlal Yadav, "Article of faith: History of the RSS and BJP opposition to Article 370," *The Indian Express*, August 6, 2019, https://indianexpress.com/article/explained/article-of-faith-history-of-the-rss-and-bjp-opposition -to-370-kashmir-special-status-5881052/, 2019年11月4日。

④ 注：人民同盟（Bhartiya Jana Sangh），俗称Jan Sangh，是印度人民党（BJP）的前身。

⑤ Reeta Chowdhari Tremblay, "Kashmir's Secessionist Movement Resurfaces: Ethnic Identity, Community Competition, and the State," *Asian Survey*, Vol. 49, No. 6, November/December 2009, p. 930.

印度教民族主义意识浓厚的团家族成员代表的整合派，强烈反对给予印控克什米尔任何特殊地位，主张实现"同一位总理，同一套宪法，同一面国旗"（Ek Pradhan，Ek Vidhan，Ek Nishan[①]），要求将该邦完全整合在印度联盟之中。另一派为自主派，赞成恢复1952年《德里协定》中所规定的印控克什米尔自主权，以抚平印度政府对印控克什米尔（非法和违宪的）行为所造成的信任赤字和剥夺感、疏离感，认为这也是解决克什米尔问题的唯一可行办法。[②]2014年印度人民党的竞选纲领中明确提出废除宪法第370条。待上台执政后，当局囿于国内政治局势，需要与印控克什米尔联合执政党达成某种妥协，迟迟未将废宪问题提上议程。团家族智库提请废除宪法第35A条及关于第370条的大讨论在全国范围内制造舆论氛围，通过向政府施压，要求其采取行动，这些都是重要的政治策略。

查谟和克什米尔研究中心（JKSC，以下简称"中心"）成立于2011年，是集政策法律研究与社会组织活动于一体的综合性智库。中心宣称开展有关查谟和克什米尔的法律、历史、政治、经济和文化等方面的整体研究，还原有关查谟和克什米尔的事实真相和真实数据，提高人们对该战略要地的认识，并通过开展灾后重建、旅游资源开发与基础设施建设、本土艺术和医术传承等措施改善区内民众生活水平。在研究领域上，中心侧重研究查谟和克什米尔与印度的统一工作和宪法第370条等法律和宪政问题，查谟和克什米尔难民与流离失所者的社会、政治和经济权利问题，以及居住在印控克什米尔的表列种姓、表列部落和其他少数群体的权利问题。

中心由国民志愿服务团全印宣传主管（All-India Publicity Chief）阿伦·库玛尔（Arun Kumar）和原全印学生联合会（ABVP）德里分支机构领导人阿苏托什·巴特纳格尔（Ashutosh Bhatnagar）领导，核心成员包括法律名

---

① D A Rashid, "If Article 35A goes, all Presidential Orders from 1950-75 will go," *Greater Kashmir*, September 18, 2015, https://www.greaterkashmir.com/news/interviews/if-article-35a-goes-all-presidental-orders-from-1950-75-will-go/, 2019年11月4日。

② Aijaz Wani, "Article 370: a constitutional history of Jammu and Kashmir," *Race & Class*, Vol. 56, No. 2, October 2014, pp. 93-95.

人、大学教师和专职研究人员，[①]中心在印度本土和海外共设立15个分支机构、25个活动中心和50多个附属机构，有志愿者1000余名。[②]

中心成立以来一直就查谟和克什米尔的各种问题进行全国忹辩论。2014年7月，中心出版了达亚·萨加尔（Daya Sagar）的"印度宪法第370条的真面目"（The Real Face of Article 370 of Constitution of India）。文中从法理依据和现实影响两方面否定了宪法第370条及第35A的合法性与存在的必要性。首先，书中通过论证查谟和克什米尔邦哈里·辛格大君在1947年10月26日与印度政府签署的《加入协议》的有效性，同时对比海得拉巴和喀拉拉邦的加入情况，试图说明印控克什米尔并不具备"特殊性"，进而强调印控克什米尔应当与其他加入邦享有同等地位。由此，进一步推断印控克什米尔之所以享有特殊自治权，主要是受尼赫鲁总理与当时的印控克什米尔政党领导人谢赫·阿卜杜拉之间"亲密伙伴"关系的影响，认为尼赫鲁政府"错误地"将谢赫·阿卜杜拉要求的自治权视为当地人民及查谟和克什米尔邦的利益，导致无法在印控克什米尔实施统一宪法，造成印控克什米尔居民"特殊公民"的身份并滋生分离主义。作者总结称，这是"印度人必须有心或无意的错误（决定）集体付出的代价"。其次，在宪法第370条的掩护下，印度政府以总统令的形式修订宪法并插入第35A条而未按宪法第368条规定的修正程序，有违立法程序。虽然第35A条是由第370条衍生而来，但是即便第370条被修改或废除，第35A条仍将保障印控克什米尔"永久居民"[③]的特殊地位和对非"永久居民"的歧视性政策，这一条款违背印度宪法第14条，即法律面前

---

① "J&K centre did research on Art 370," *The Tribun*, August 10, 2019, https://www.tribuneindia.com/news/jam mu-kashmir/j-k-centre-cid-research-on-art-370/815745.html, 2019年11月4日。

② Jammu Kashmir Study Centre, http://jksc.testbharati.com/Encyc/2015/1/30/About-Us.aspx, 2019年11月4日。

③ 注：1956年11月17日通过的《查谟-克什米尔宪法》将"永久居民"定义为在1954年5月14日前，原属于查谟和克什米尔土邦王公先后于1927年4月20日和1932年6月27日颁布的法令中所定义的"克什米尔人"；已在该地区居住10年及以上且合法拥有不动产；在1954年5月14日前为"克什米尔人"，但是在1947年3月1日后移居巴控地区而后返回印控克什米尔者，经邦立法议会立法授权颁发重新安置许可证或永久性返回许可证后，仍视为永久居民。详情见："6. Permanent residents," in The Constitution of Jammu and Kashmir, 1956, p. 3, http://jklegislativeassembly.nic.in/Costitution_of_J&K.pdf, 2019年11月4日。

人人平等的权利。因此，作者主张撤除第35A条，以保障印度公民的平等权利。与此同时，依据宪法第370条制定的《查谟和克什米尔宪法》存在着没有给予表列部落和表列种姓在立法议会中的合法席位，长期居住印控克什米尔的非"永久居民"、1947年西巴基斯坦难民（West Pakistan Refugees）、出嫁外邦的妇女等群体在选举、入学、就业、购置不动产等方面无法享有同等权利的问题。最后，作者极力主张废除宪法第370条，认为这不但能够有效解决上述问题，而且有利于促进经济发展并剪灭分离主义意识。①此外，由萨加尔扶笔的《查谟和克什米尔事务：处理不当、援引不当、执行不当》（*Jammu & Kashmir Affairs- Mishandled : Misquoted :Miscarried*）、《第370条：法律与政治》（*Article 370: Law and Politics*）、《查谟和克什米尔：1947年，加入印度及后续事件》（*Jammu & Kashmir: 1947, Accession and Events Thereafter*）、《查谟-克什米尔划界史》（*History of Delimitation in J&K*）等系列书籍多从侧面继续论证上述观点。

　　2015年7月，中心向德里高等法院提交请愿书，依据萨加尔的论述逻辑要求废除宪法第35A条。②与此同时，中心还向国家表列种姓委员会（National Commission for Scheduled Castes, NCSC）提交关于印控克什米尔地方政府对西巴基斯坦难民的政策歧视投诉。中心认为，受第35A条限制，自1947以来一直生活印控克什米尔的西巴难民被剥夺了公民权和其他宪法权利，其中大多数是达利特人（Dalits）。中心希望通过国家表列种姓委员会的干预，恢复难民的基本权利。③2015年12月，一所具有团家族背景的非政府组织"公民"运动（We The Citizen）再次向最高法院提交请愿书，以同样的理由申请废除

① Daya Sagar, *The Real Face of Article 370 of Constitution of India*, Jammu Kashmir Study Centre, July 2014.
② Siddhartha Rai, "In first direct salvo, RSS aims legal missile at J-K special status," *India News*, July 10, 2015,https://www.indiatoday.in/india/story/parivar-poses-legal-challenge-jammu-and-kashmir-special-status-indian-constitution-281647-2015-07-10, 2019年11月4日。
③ "JK Study Centre approaches SC panel for citizenship to refugees," *The Tribune*, July 11, 2015, https://www.t ribuneindia.com/news/jammu-kashmir/community/jk-study-centre-approaches-sc-panel-for-citizenship-to-refugees/105029.html, 2019年11月4日。

宪法第35A条。[1]

其实，争取废除宪法第35A条是针对宪法第370条的外围包抄活动。此前，印控克什米尔法院已作出裁决，宣布宪法第370条名义上属"临时规定"，但实质上已经成为永久性规定，[2]最高法院对这一裁决予以坚决支持。[3]有鉴于此，国民志愿服务团试图走曲线，要求废除宪法第35A条，以变相达到废除宪法第370条授予印控克什米尔自治权的目的。更重要的是，其中也含有国民志愿服务团谋划通过解决外邦人的投票权和土地拥有权来改变印控克什米尔人口结构，最终"永久解决克什米尔争端"的意图。[4]

中心的请愿行为引发了印度国内关于宪法第370条和第35A条的持续热议。在智库方面，政策研究中心（Centre for Policy Research）高级研究员斯里纳特·拉加万（Srinath Raghavan）认为，质疑没有根据印度宪法第368条规定而修订第35A条的有效性是一种似是而非的论点，警告当局"在查谟和克什米尔局势濒临恶化之际，任何企图篡改这些条款势必引起巨大的反弹"。[5]而辩喜国际基金会则回应称，拉加万的警告与那些支持歧视性条款的政治家们非常相似。拉杰什·辛格（Rajesh Singh）以第35A条是对普通印度公民的歧视性政策为落脚点，强调该条款违背了印度宪法中赋予印度公民的

① Prabhash K Dutta, "How 2 PILs are helping RSS agenda of Uniform Civil Code, Article 370," *India Today*, July 24, 2017, https://www.indiatoday.in/india/story/rss-uniform-civil-code-article-370-jammu-kashmir-narendra-modi-1025942-2017-07-24, 2019年11月4日。

② Bashaarat Masood, "Art 370 permanent…cannot be repealed or amended: HC," *The Indian Express*, October 12, 2015, https://indianexpress.com/article/india/india-news-india/j-k-high-court-says-article-370-is-permanent -cant- be-abrogated-repealed-or-amended/, 2019年11月4日。

③ Bhadra Sinha, "Special status to J-K: Article 370 not a temporary provision, says Supreme Court," *Hindustan Times*, April 3, 2018, https://www.hindustantimes.com/india-news/special-status-to-j-k-article-370-not-a-temporary-provision-says-supre me-c ourt/story-wNb5Bz0EOVIDU4NmRn537J.html, 2019年11月4日。

④ Muzamil Jaleel, "Challenge to Jammu and Kashmir's law on 'permanent residents': meaning and implications," *The Indian Express*, July 16, 2015, https://indianexpress.com/article/explained/challenge-to-jks- law-on-permanent-residents-meaning-and-implications/, 2019年11月4日。

⑤ Srinath Raghavan, "Kashmir's Article 35A conundrum: New Delhi must tread carefully," *Hindustan Times*, August 3, 2017, https://www.hindustantimes.com/columns/kashmir-s-article-35a-conundrum-new-delhi-must-tread-carefully/story-YHxSxHX CZo3J7oPPRKWpGJ.html, 2019年11月4日。

基本权利，最高法院审理的是涉及第35A条的歧视性问题，那些声称中央政府在玩火并为"查谟和克什米尔邦"从印度联盟分裂铺平道路的说法，既是危言耸听，又极不公平。①

二、影响政策制定：宪法第370条失效前团家族智库的行为

智库影响政府政策制定一般通过三种方式：一是自上而下的政府部门行政委托（包括承担或参与课题）或专项任务布置；二是自下而上地发布政策建议或借助主流媒体向上渗透，以及通过向下影响公民组织运动的方式间接向上渗透；三是上下互动影响，即智库邀请政要、议员等参与会议、座谈、培训、"二轨外交"等形式，影响政策制定者。不过，考虑到印度人民党与团家族的特殊关系，团家族智库具备不同于一般智库的政策影响途径。以下将对中心提交请愿书至2019年8月5日宪法第370条实质失效前的印控克什米尔局势、团家族及团家族智库行为等方面进行梳理，以剖析其政策影响。

废除克什米尔的特殊宪法地位一直是印度教民族主义的三大核心目标之一。自20世纪50年代初以来，团家族年度会议共通过的51项克什米尔问题决议多数要求废除第370条。然而，自2014年莫迪上台执政后，这一议题从未在团家族年度会议上获得通过。②

这一现象并非偶然。2015年3月，印度人民党与克什米尔地方政党人民民主党组建联合政府，国民志愿服务团最初对双方联盟表示支持并在废除宪法第370条的问题上作出一定妥协。2015年3月13日，在结束全国代表大会（Akhil Bhartiya Pratinidhi Sabha）第一天会议后，国民志愿服务团联合总书记表示，"查谟和克什米尔的问题不在于两党联盟……而在于民族情感"，称国民志愿服务团愿为国家一体化作出妥协，同时又表示"国民志愿服务团

① Rajesh Singh, "Acrimonious Tug of War over Article 35A," *Vivekananda International Foundation Policies & Perspectives*, August 22, 2017, https://www. vifindia.org/sites/default/files/policies-and-perspectives-acrimonious -tug-of-war-over-article-35a-22-aug.pdf, 2019年11月4日。
② Shyamlal Yadav, "Article of faith: History of the RSS and BJP opposition to Article 370," *The Indian Express*, August 6, 2019, https://indianexpress.com/article/explained/article-of-faith-history-of-the-rss-and-bjp-oppositi on-to-370-kashmir-special-status-5881052/, 2019年11月4日。

对宪法第370条的立场不变，我们不会就此妥协。我们希望情况有所改善。如果情况得不到改善，我们将作出决定"。① 上述言论透露出印度人民党加入印控克什米尔联合政府时的机会主义心态，而联合政府随后面临的局势也考验着团家族继续支持联合政府的决心。

2016年7月8日，克什米尔分离主义组织"圣战者党"（Hizbul Mujahideen）高级领导人布尔汗·瓦尼（Burhan Wani）与印度军方交火时身亡，引发克什米尔局势动荡，印控克什米尔陷入宵禁和街头冲突。9月，武装分子袭击当地印军军营，对抗进一步升级。在此情境下，印度基金会于8月6日和7日在印控克什米尔的帕特尼托普（Patnitop）举办年度"青年思想者见面会"②（Young Thinkers Meet）。虽然印度人民党总书记（负责管理东北地区和印控克什米尔事务）、印度基金会主任拉姆·马达夫对外宣称克什米尔问题并未提上会议议程，但与会代表确实讨论了包括克什米尔局势在内的系列问题。值得一提的是，外交国务部长阿克巴（M. J. Akbar）和国民志愿服务团高层领导均出席了此次会议，由此进一步引发了外界对解决克什米尔问题的"非官方二轨倡议"的猜测。③

2017年7月，反政府武装领袖呼吁在瓦尼事件一周年之际举行为期一周的大规模抗议活动。期间，武装分子袭击赴印控克什米尔的印度教圣地阿马尔纳特石窟朝圣者，致7人死亡。不久后的7月18至20日，国民志愿服务团在查谟举行全印宣教士大会（Akhil Bharatiya Prant Parcharak），国民志愿服务团

---

① "RSS says no change in stand on Art 370, wants J-K experiment to succeed," *Hindustan Times*, March 13, 2015, https://www.hindustantimes.com/india/rss-says-no-change-in-stand-on-art-370-wants-j-k-experiment-to-succeed/story-CieCSik74CgSJjd1cGi4HK.html, 2019年11月4日。

② "青年思想者见面会"是印度基金会的年度会议，自2012年至今，已举办8期。会议目的是把志同道合的年轻思想家聚集在一起，就各种具有全国和国际意义的问题集思广益。

③ Toufiq Rashid and Ravi Krishnan Khajuria, "Kashmir discussed at pre-BJP think tank meet? Ram Madhav says no," *Hindustan Times*, August 08, 2016, https://www.hindustantimes.com/india-news/kashmir-discussed-at -pro-bjp-think-tank-meet-ram-madhav-says-no/story-xKfYdicyFCCl3EI33aGYML.html; Age Correspondent, "BJP's Ram Madhav in search for J&K 'solution'," *The Asian Age*, August 8, 2016, https://www.asianage.com/ india/bjp-s-ram-madhav-search-jk -solution-628, 2019年11月4日。

及其他团家族成员的195名宣教士应邀出席。[1]此类会议是国民志愿服务团的常规性年度会议，但此次会议的独特之处在于办会地址：自1925年国民志愿服务团成立以来，这是其首次在印控克什米尔举办此类会议。两位前印控克什米尔地区宣教士（prant parcharaks）因德雷什·库玛尔（Indresh Kumar）和阿伦·库玛尔及现任宣教士拉梅什·帕帕（Ramesh Pappa）主导制定此次会议议程，显示克什米尔问题将成为此次会议的主要关注点。[2]考虑到阿伦·库玛尔的查谟和克什米尔研究中心领导人身份，外界猜测此次会议将讨论宪法第35A条也并非空穴来风。据称，大会第二天，国民志愿服务团最高领导层审议了最高法院对第35A条的判决，并乐观地认为，就第35A条展开更大的辩论，将有助于在全国范围内树立对这一条款属于最大"宪法欺诈"和"宪法漏洞"且"剥夺公民基本权利"的认识。由此，也可以看出，团的高层和莫迪政府拟将关于修宪问题的探讨暂时维持在法律范畴的想法是大体一致的。值得一提的是，印度人民党总书记、印度基金会主任拉姆·马达夫也于大会第三天抵达查谟参会。[3]

2017年12月，印军在印控克什米尔围剿反印武装分子，引发当地民众大规模反政府抗议。[4]世界印度教大会（VHP）强烈呼吁政府严厉制裁暴力武装分子、废除宪法第370条、武装夺取巴控克什米尔。[5]一些团家族成员在当时的背景下强烈要求废除宪法第370条和35A条，使执政党和国民志愿服务团高层陷入两难。

---

① Dinesh Manhotra, "Sangh stamps Modi govt's political decisions," *The Tribune*, July 19, 2017, https://www.tri buneindia.com/news/jammu-kashmir/sangh-stamps-modi-govt-s-political-decisions/438590.html, 2019年11月4日。
② Dinesh Manhotra, "RSS apex body meet to focus on J&K," *The Tribune*, July 17, 2017, https://www.tribunein dia.com/news/jammu-kashmir/rss-apex-body-meet-to-focus-on-j-k/437633.html, 2019年11月4日。
③ Dinesh Manhotra, "SC's order on Art 35-A echoes in RSS meet," *The Tribune*, July 20, 2017, https://www.trib uneindia.com/news/jammu-kashmir/sc-s-order-on-art-35-a-echoes-in-rss-meet/439097.html, 2019年11月4日。
④ 姚凯红：《印控克什米尔大骚乱！民众反政府抗议求结束统治》，《中国网》，2017年12月20日，http://news.chin a.com.cn/world/2017-12/20/content_42001792.htm, 2019年11月4日。
⑤ Walter Andersen, Shridhar D. Damle, *Messengers of Hindu Nationalism: How the RSS Reshaped India*, London: Hurst and Company, June 15, 2019, p. 115.

三、辅助政策执行及参与政策评估：宪法第370条失效后 团家族智库的行为

政策执行可分为7个环节：政策宣传、政策分解、物质准备、组织准备、政策实验、全面实施、协调监控。[①]在政策执行过程中，智库对政策宣传环节的作用最为显著，在解读和宣传新政策的同时往往也会进行政策综合评估。

2019年8月5日，印度联邦院通过了印度内政部长、印度人民党主席阿米特·沙（Amit Shah）关于废除宪法第370条的提案，辩喜国际基金会对此进行了系统分析评估。在2019年8月和9月的两个月内，基金会官方网站上发布的时评、文章、简报计13篇。8月6日和7日，斯瓦米纳坦·古鲁穆尔蒂和拉杰什·辛格先后发表了支持性言论，认为"印度人民党完成了国大党甚至尼赫鲁想做却没法做到的事情"，[②] "两项条款实际上被既得利益分子利用，使克什米尔陷于困境，对印度国内的全面融合造成障碍"[③]；原驻外大使阿尼尔·特里古纳亚特（Anil Trigunayat）认为以总统令的方式废除第370条和第35A条是莫迪政府的"天才"之举，鼓励当局尽快落实印控克什米尔的经济、军事建设方案，做好巴基斯坦制造分歧、"支持跨界恐怖袭击"、破坏印度稳定的应对准备，通过外交攻势揭露巴"支持"恐怖袭击的面目。[④]巴沙尔·阿萨德（Bashir Assad）将克什米尔人的意志与所谓经济对立阶层（政治

---

① [美]托马斯·R·戴伊：《理解公共政策》，北京：中国人民大学出版社，2010年，第89—115页。

② S Gurumurthy, "Modi did what Nehru wanted to, but couldn't, on Article 370," *Vivekananda International Foundation Commentaries & Articles*, August 7, 2019, https://www.vifindia.org/article/2019/august/07/modi-d id-what-nehru-wanted-to-but-couldnt-on-article-370, 2019年11月4日。

③ Rajesh Singh, "Repeal of Temporary Articles 370 and the 35A Intrusion," *Vivekananda International Foundat- ion Commentaries & Articles*, August 6, 2019, https://www.vifindia.org/article/2019/august/06/repeal-of-temporary-articles-370-and-the-35a-intrusion%20, 2019年11月4日。

④ Anil Trigunayat, "Article 370: Abrogation for Progress and Development of Jammu & Kashmir," *Vivekananda International Foundation Commentaries & Articles*, August 19, 2019, https://www.vifindia.org/article/2019/august/19/article-370-abrogation-for-progress-and-development-of-jammu-and-kashmir, 2019年11月4日。

精英、宗教团体、企业媒体、分离主义者等许多阶层组成）的意识相区别，将冲突的罪责推脱到"贪婪的"经济对立阶层身上，而将印度政府描述成解救克什米尔人民的"救世主"。阿萨德认为，克什米尔面临内外挑战，冲突管理成为重要的议题。他认为这些挑战包括："贪婪的"经济对立阶层不会就此罢休；缺乏能在当地代表印度叙事的势力，难以避免"软性分离主义"叙事（soft separatist agenda）；联合国大会要求"维持现状"的声明。他建议政府将讨论控制在国内层面，并就克什米尔问题开展外联工作，争取国际话语主动权；同时对内优先促进发展，立即启动投资、就业和赋权工作，通过福利事业争取农村支持。[1]

基金会研究人员也对印度废除宪法第370条后，南亚次大陆非官方媒体社论和西亚国家的官方看法进行了梳理，认为西亚国家政府观点更倾向于同情印度。[2]针对巴基斯坦总理伊姆兰·汗的强硬措辞，斯里瓦斯塔瓦（D. P. Srivastava）批判其不过是借克什米尔问题增加国民支持度的政治手段而已，认为其根本不关心因巴的"侵略行为"导致克什米尔分裂的人民福祉。[3]基金会对周边邻国反应的分析为印度政府处理后续外交事务提供了参考。

此外，基金会分别于2019年8月9日和9月16发布了2份综合简报。《克什米尔——开启新篇章》（Kashmir – A New Chapter Begins）中从安全和发展两方面分析了印控克什米尔的当前局势。报告认为，政府打击武装分裂分子和"恐怖"分子卓有成效，打击恐怖融资网络成效显著，又提醒政府不应沾沾

---

[1] Bashir Assad, "Challenges ahead in Kashmir," *Vivekananda International Foundation Commentaries & Articles*, August 20, 2019, https://www.vifindia.org/article/2019/august/2 0/challenges-ahead-in-kashmir, 2019年11月4日。

[2] Mayuri Mukherjee, "Constitutional Amendment: Reactions from the Sub-continent," *Vivekananda International Foundation Commentaries & Articles,* August 21, 2019, https://www.vifindia.org/article/2019/august/21/constitutional-amendment-reactions-from-the-sub-continent; Hirak Jyoti Das, "Constitutional Amendment – Responses from West Asia," Vivekananda International Foundation Commentaries & Articles, August 28, 2019, https://www.vifindia.org/2019/august/27/constitutional-amendment-responses-from-west-asia, 2019年11月4日。

[3] D.P. Srivastava, "Repeal of Article 370: Pakistan's reaction, UN Resolutions and Contemporary Realities," *Vivekananda International Foundation Commentaries & Articles*, September 4, 2019, https://www.vifindia.org/article/2019/september/04/repeal-of-article-370-pakistan-s-reaction-un-resolutions-and-contemporary-realiti es%20, 2019年11月4日。

自喜，并提出主要建议如下。首先，当局应具有充分的政治敏感性，警惕印控克什米尔民众"异化"、巴基斯坦支持的跨界渗透、当地激进分子的自杀式袭击等军事活动。其次，需改变停滞的政治进程，在有力打击武装行为的同时还需要通过外联行动与政府良好管理，建设性地吸引年轻人，抚恤"恐怖"活动受害者家属；逮捕所谓"贾马分子"（Jamaati，即同情或属于伊斯兰学生促进会、伊斯兰大会党等组织者）主要干部并没收其资产，从教育系统中清除这类人，从心理上打击其士气。报告认为印控克什米尔联合政府在发展方面的治理不尽如人意，贪污腐败泛滥、公共基础设施建设落后、电力短缺、项目审批程序烦琐等问题层出不穷。作者认为，良好治理和富有同情心的官僚机构是赢得民心的关键。[①]《查谟和克什米尔的加入与宪法条款：历史的叙述》（*Accession of Jammu and Kashmir and Constitutional Provisions: A Historical Recount*）采取一贯的印度民族主义叙事立场，阐述了克什米尔的历史、宪法第370条和第35A条，从周边环境分析印度废除第370条，认为此举恰逢其时。作者认为印控克什米尔的治理问题是对印度政府的一大考验，政府既要对抗国内反对派，建立内部共识，又要经受外交考验，建立有利于印度的国际舆论。[②]

如果说辩喜国际基金会侧重于政策分析，那么公共政策研究中心和穆克吉研究基金会则体现出浓厚的政治宣传色彩。2019年9月9日，公共政策研究中心发布《百日百项里程碑》（*100 milestones in hundred days*），该报告在公共政策研究中心主任苏米特·哈辛（Sumeet Bhasin）和印度人民党副主席、中心名誉主任维奈·萨哈斯拉菩提的指导下完成。[③]报告历数莫迪总理第二次组阁执政后头100天内作出的100项重大决定，对各项决定予以高度好

① C.D. Sahay, *Abhinav Pandya, Kashmir-A New Chapter Begins*, Vivekananda International Foundation, August 2019, https://www.vifindia.org/sites/default/files/kashmir-a-new-chapter-begins.pdf, 2019年11月4日。

② Maj Gen Ajay Kumar Chaturvedi, *Accession of Jammu & Kashmir and Constitutional Provisions: A Historical Recount*, Vivekananda International Foundation, September 2019, https://www.vifindia.org/sites/default/files/accession-of-jammu-and-kashmir-and-constitutional-provisions.pdf, 2019年11月4日。

③ "Narendra Modi: Modi 2.0 has shown grit: Think tank," *Times of India*, September 10, 2019, https://timesofin dia.indiatimes.com/india/modi-2-0-has-shown-grit-think-tank/articleshow/71057343.cms, 2019年11月4日。

评，具体条目包括"废除第370条——打破克什米尔多年的现状""克什米尔的社会经济福利和促进投资""克什米尔潘迪特复兴计划""将查谟和克什米尔重组为两个联邦直辖区"。报告鼓吹，这一大胆政策举措令"同一个国家、同一部宪法"的梦想成为现实，废除这一条款消除了印度民主制的异常现象，打破了印控克什米尔与其他地区的心理障碍，打开了印控克什米尔蓬勃发展的大门。①穆克吉研究基金会于9月发布《同一个国家 同一部宪法》（One Country One Constitution）专集，节选收录了自20世纪50年代以来，人民同盟领袖穆克吉、下议院、印度人民党、专家学者等关于废除宪法第370条的辩论、政治文件、著作和讲话，以图"激起人们对进一步研究和传播废除宪法第370条和第35A条的真实叙述的渴望"。②

第三节 团家族智库影响政府政策的特点分析

通过对宪法第370条废除前后的团家族智库活动情况概述，大体可梳理出智库影响政府决策的相关途径。在议题识别阶段，查谟和克什米尔研究中心及其他团家族智库率先抛出废除第370条及35A条的议题，一方面向政府施压，另一方面又重新引发国内热议与联邦及地方政府重视。随着印控克什米尔局势持续恶化，团家族继续支持联合政府的决心动摇。印控克什米尔地区不断闪现国民志愿服务团高层、印度基金会、联邦政府高层官员闭门会谈的身影。这一条款实质失效后，辩喜国际基金会、公共政策研究中心、穆克吉研究基金会等智库立即掀起解读、宣传、评估分析的热潮。可以说，印度人民党与以国民志愿服务团为核心的团家族之间的特殊关系，团家族智库人员

---

① Vidushi Sahani, *Rutwik Jagannath B, Nikhil Kumar, 100 milestones in hundred days*, Public Policy Research Centre, 2019, pp. 2—4. http://pprc.in/upload/21Final%20Report.pdf, 2019年11月4日。

② Dr Syama Prasad Mookerjee Research Foundation, *One Country One Constitution*, September 2019, http://ww w.spmrf. org/wp-content/uploads/2019/10/Booklet-on-A-370_SPMRF_ENG.pdf, 2019年11月4日。

身份的多重性、交叉性，决定了团家族智库具备了不同于一般智库的特殊地位。

一、团家族智库有特殊渠道影响印度人民党政府决策

团家族智库直接影响政府政策的方式有三种。其一，通过"旋转门"的形式在政府担任要职，直接参与或主导公共政策制定。印度政府"旋转门"现象最为显著的时刻，是2014年莫迪首次执政之初，一批就职于辩喜国际基金会、印度基金会的高级领导人进入联邦政府若干要害部门。譬如，曾在辩喜国际基金会任职的N·米什拉（Nripendra Misra）任总理办公室首席秘书、PK·米什拉（P.K. Mishra）为辅秘、萨拉斯瓦特（Vijay Kumar Saraswat）和德布罗（Bibek Debroy）作为专业人士被政府提拔参与改造印度国家研究院（NITI Aayog）的政策研究活动，德布罗还兼任总理经济咨询委员会主席。[①]印度基金会中，阿克巴（M. J. Akbar）被提拔担任外交部国务部长、西塔拉曼（Nirmala Sitharaman）先后出任商务国务部长和国防部长、普拉布（Suresh Prabhakar Prabhu）任铁道部长、民航部长、商工部长（从2017年9月以后）、辛哈（Shri Jayant Sinha）任民航国务部长。"旋转门"机制所带来的人际关系网使得智库虽在政府之外，却与政府内部保持密切联系，得以发挥重要的政策影响。

其二，通过在印度人民党中安插国民志愿服务团要员，钩织团（智库）、党、政关系网。最具代表性的是印度基金会主任拉姆·马达夫。马达夫于1964年在安得拉邦阿马拉普拉姆出生，1981年自愿成为国民志愿服务团全职成员，2003年至2014年担任国民志愿服务团全国发言人，2014年被借调到印度人民党担任书记一职，[②]负责东北和印控克什米尔事务。[③]2014年

---

① Charu Kartikeya, "8 RSS think tanks that are competing for intellectual space in Delhi," *Catch News*, February 13, 2017, http://www.catchnews.com/india-news/eight-rss-think-tanks-that-are-competing-for-the- intellectual-space-1440703010.html, 2019年11月4日。

② "Ram Madhav," Wikipedia, https://wiki2.org/en/Ram_Madhav, 2019年11月4日。

③ Priya Sahgal, "Ram Madhav is emerging as BJP's firefighter," *The Sunday Guardian*, September 26, 2015, http://www.sunday-guardian.com/investigation/ram-madhav-is-emerging-as-bjps-firefighter, 2019年11月4日。

莫迪主政后，在应对重大国际事件的时候，频繁出现以马达夫为代表的印度基金会的身影。印度基金会在印度外交事务中扮演着重要的"一点五轨"和"二轨"外交角色。早在2014年马达夫转任印度人民党书记后，便先后参与9月习近平主席赴印国事访问和莫迪11月中旬访问澳大利亚的准备工作，制订莫迪赴斐济访问计划，被外界誉为莫迪的"无任所大使"（ambassador at large）。[①]2017年，在经历"6·18"中印洞朗对峙事件后，印度基金会一行随同莫迪政府官员于9月赴厦门参加金砖会议。其间，以马达夫为首的印度基金会与世界和平与交流协会（World Peace and Communication Association）开展智库"二轨"外交，双方在加强人文交流、增进双边互信、建立快速有效的沟通机制等问题上达成共识，[②]为中印关系重回正轨发挥了作用。莫迪2018年赴孟加拉国进行国事访问前，印度基金会又组织印孟两国多位部长参会，印度铁道部长普拉布（Suresh Prabhu）公然声称，"我不是以联邦部长的身份，而是以印度基金会主任的身份站在这里，这里是建造上层建筑的基础"（This is the Foundation on which you can build a superstructure）。而马达夫在系列会议中更是强调，印度基金会的活动并非仅限于"二轨"活动，而与官方活动同等重要，政府对此尤为重视。[③]马达夫也积极参与处理东北地区和印控克什米尔事务。马达夫深谙印度人民党与国民志愿服务团的内在关系，外界普遍认为他具备在保持国民志愿服务团基本原则的情况下与印度人民党合作的能力，可帮助莫迪政府在关键问题上平衡党、团关系。[④]

其三，团家族例会及国民志愿服务团调解仲裁联通纽带。除日常交流

① Archis Mohan, "Ram Madhav: Modi's ambassador at large," *Business Standard*, November 29, 2014, https://www.business-standard.com/article/specials/ram-madhav-modi-s-ambassador-at-large-114112800875_1.html, 2019年11月4日。
② P.K. Balachandran, "India and China take to Track II diplomacy to smoothen ties," *Southasian Monitor*, September 6, 2017, https://southasianmonitor.com/india/india-china-take-track-ii-diplomacy-smoothen-ties/, 2019年11月4日。
③ Rahul Tripathi, "How National Security Advisor Ajit Doval's son Shaurya reinvented himself into a key policy player," *The Economic Times*, October 14, 2018, https://economictimes.indiatimes.com/news/politics-and-nation/how-national-security-advisor-ajit-dovals-son-shaurya-reinvented-himself-into-a-key-policy-player/articleshow/48322773.cms?from=mdr, 2019年11月4日。
④ TNN, "Why Ram Madhav is BJP's man for all seasons, all states," *Times of India*, March 4, 2018, https://time sofindia.indiatimes.com/india/why-ram-madhav-is-bjps-man-for-all-seasons-all-states/articleshow/63153878.cms, 2019年11月10日。

接触外，团家族还会定期组织召开家族例会。包括每年3月组织召开全国代表大会（Akhil Bharatiya Pratinidhi Sabha）、每年7月召开中央工作委员会（Kendriya Karyakari Mandal）和全印宣教士大会（Akhil Bharatiya Prant Parcharak）、每年10月或11月组织召开全印工作委员会（Akhil Bhartiya Karyakari Mandal）会议。其中，全国代表大会和全印工作委员会团家族成员都会参加，会议会讨论当前的若干问题，但更侧重商讨家族组织内部事项，以调解家族内部分歧，协调行动。①

特别值得注意的是，国民志愿服务团承担着家族内部矛盾的调解仲裁责任，包括通过以"协调委员会"的形式，召集家族成员组织的县级和邦际专职干部协调和讨论问题。②其中，最富争议也最为显著的是自2014年莫迪执政后，双方约定定期召开政策协调会议（Akhil Bhartiya Samanvay Baithak）。会议最初计划每两年召开一次，但实际上在2017年至2019年每年都会召开，2018年甚至召开了两次，会议一般定于每年9月初召开。2015年9月2至4日召开了首届政策协调会议，莫迪在最后阶段参会，12名部长和印度人民党主席阿米特·沙全程参加了3天会议，团家族各大机构负责人均参会，国民志愿服务团团首主持会议。双方讨论的议题涉及古吉拉特种姓骚乱、土地法案、人口变化等。③自2017年开始，印度人民党及莫迪政府一方参会级别降低，主要由印度人民党主席阿米特·沙、拉姆·马达夫等总书记参会，北方邦首席部长等地方政府官员也不定期出席。④总的说来，历次政策协调会的议题主要

---

① "RSS Akhil Bharatiya Karyakari Mandal begins from October 31," *Organiser,* October 29, 2018, https://ww w.organiser.org/Encyc/2018/10/29/RSS−Akhil−Bharatiya−Karyakari−Mandal−begins−from−October−31.html, 2019年11月10日。
② 刘嘉伟主编：《印度社会政治发展与印度国民志愿服务团》，成都：四川美术出版社，2018年，第16—27页。
③ "Top BJP Ministers Attend RSS Meet, Opposition Questions Govt's Accountability, " *The Indian Express*, September 3, 2015, https://indianexpress.com/article/india/india−others/rss−bjp−meet−opposition−parties−slam−saffron−outfits−interference−in−governance/, 2019年11月4日。
④ FE Online, "RSS Bodies Voice Concern over Agrarian Crisis, Rising Joblessness, Say Policies of Niti Aayog Arbitrary towards Poor," *The Financial Express*, September 3, 2017, https://www.financialexpress.com/india−news/rss−bodies−voice−concern−over−agrarian−crisis−rising−joblessness−say−policies−of−niti−aayog−arbitrary−towards−poor/839229/, 2019年11月4日。

围绕当年政府关键政策及团家族成员政策诉求而展开。譬如，2019年9月7日至9日召开的全印政策协调会，重点关注废除宪法370条、当前克什米尔山谷局势、阿约迪亚土地纠纷等，还就国家安全、环境保护、就业机会和边境地区移民等问题进行了讨论。①

这里要稍微说明一下莫迪政府降低参会级别的背景。2015年，莫迪总理及多位内阁部长参加首届政策协调会议，此举遭到反对党痛斥，认为"印度人民党政府不但被国民志愿服务团遥控，还在团总部（那格浦尔）的指示下运作"。②更有甚者，反对党还抨击现在是"由国民志愿服务团决定谁是政府领导人，由团作出最终政策，印度人民党不过充当其政治阵线而已"。③对此，印度联邦院的印度人民党议员、国民志愿服务团所属先锋出版集团（The Pioneer Group of Publications）编辑钱丹·米特拉（Chandan Mitra）辩解道："团对家族成员进行意识形态引导，使之不背离团家族的民族主义和平等主义行事原则。从某种意义上说，监督印度人民党政府运作，确保其不盲目模仿西方的'无灵魂'发展模式也是国民志愿服务团的责任……在政府之外，国民志愿服务团领导人不断收到关于印度人民党政府运作的反馈。团家族成员将其对政府政策的评估转达给团的领导层，而后者又将之转达给印度人民党领导层，以帮助政府在各领域取得更好成果。"④不难发现，国民志愿服务团除思想意识引导外，还扮演着将家族成员意见建议上传下达的角色，仅凭这一途径已足以保障团家族智库能比一般智库更为有效地影响政府高层。

---

① PTI, "Article 370, Ram Temple to Top Agenda at RSS Meeting with Affiliates," *The Tribune*, September 6, 2019, https:/ /www.tribuneindia.com/news/nation/article-370-ram-temple-to-top-agenda-at-rss-meeting-with-affiliates/828848.html, 2019年11月4日。
② Chandan Mitra, "Why PM Modi's Government Must Meet RSS," NDTV website, September 7, 2015, https://www.ndtv. com/opinion/more-rss-government-conclaves-are-needed-1215090, 2019年11月4日。
③ Rahul Shrivastava, "After Presentations by Top BJP Ministers, PM Modi Attends RSS Meet," NDTV website, September 4, 2015, https://www.ndtv.com/india-news/after-presentations-by-top-bjp-ministers-pm-modi-likely -to-attend-rss-meet-1214187, 2019年11月4日。
④ Chandan Mitra, "Why PM Modi's Government Must Meet RSS," NDTV website, September 7, 2015, https://www.ndtv. com/opinion/more-rss-government-conclaves-are-needed-1215090, 2019年11月4日。

近年来，围绕团家族还出现了一些以思想交流为名，行家族政策协调之实的会议。譬如，2018年5月28日至31日举行了一场国民志愿服务团所宣称的思想交流会，参会人员级别甚至高于政策协调会，[①]包括印度人民党主席阿米特·沙、副主席维奈·萨哈斯拉菩提、总书记拉姆·马达夫和6名部长全程参加了3天会议，团家族各大机构负责人参会，国民志愿服务团联合总书记（Joint General Secretary）克里希纳·戈帕尔（Krishna Gopal）主持会议。双方讨论的议题涉及新教育政策、国有的印度航空公司的私有化、就业问题等。[②]不难发现，由国民志愿服务团组织召开的团家族政策协调会议形式和名义层出不穷，家族成员直面执政当局发声的机会增多，其公共政策影响力也随之增强。

二、团家族智库的意见统一与分歧并存

团家族在废除宪法第370条、重建阿约迪亚罗摩庙、实现统一民法等三大核心问题上向来保持一致的态度，只是部分智库在探讨实现核心目标的途径和手段上略有不同。譬如，在废除宪法第370条上，早在2013年4月20日辩喜国际基金会举办的"自己家园中的难民：克什米尔潘迪特人的悲剧"（"Seminar on Refugees In Their Own Homeland: Travails of Kashmiri Pandits"）研讨会上，印度人民党高级元老苏布拉马尼亚·斯瓦米（Subramanian Swamy）公开表示，政府可直接发布总统法令来废除宪法第370条，这种方式不需通过任何宪法修正程序；又建议中央政府要求印控克什米尔政府在山谷区安置印度教徒，印控克什米尔政府一旦动摇，就可根据宪法第356条解散邦政府，实行总统统治，政府应从查谟和该邦其他地方派军

① PTI, "Meet with BJP chief, ministers not coordination meeting: RSS," *The Hindu*, May 29, 2018, https://www.thehind u.com/news/national/meet-with-bjp-chief-ministers-not-coordination-meeting-rss/article24020425.ece, 2019年11月4日。

② TNN, "BJP-RSS meet takes stock of policies, discusses road ahead," *Times of India*, May 29, 2018, https://timesofindia.in diatimes.com/india/bjp-rss-meet-takes-stock-of-policies-discusses-road-ahead/articleshow/64361251.cms, 2019年11月4日。

镇守，以便确保印度教徒安全。[①]2014年，慕吉克研究基金会组织了一场关于宪法第370条的讨论会，阿伦·库玛尔、时任联邦院反对党首领阿伦·杰特利（Arun Jaitley）、印度人民党全国发言人尼尔马拉·西塔拉曼（Nirmala Sitharaman）等出席发言，参会代表发言稿由查谟和克什米尔研究中心整理出版。其中，西塔拉曼力主"既然可以通过总统法令在宪法中插入35A，为何不可以通过总统法令废除宪法第370条"。[②]在2014年3月《印度基金会期刊》刊登的几篇文章转而强调"有必要就这一在性质上和目的上都是暂时性的条款（指第370条）在宪法中的延续性地位进行彻底的辩论"。[③]此后，查谟和克什米尔研究中心确实一直围绕宪法第370条和第35A条进行论证，企图通过司法程序废除印控克什米尔特殊地位。反观莫迪政府2018年对印控克什米尔实行总统治理、随后持续向山谷区派遣大批安全部队、2019年8月5日颁布总统令废除宪法第370条等措施，显然与斯瓦米早前的见解高度一致，而团家族智库发起的关于宪法第370条合宪性的讨论也为废除这一条款奠定了理论和舆论基础。

当然，由于各大智库的关注领域不同、代表的利益群体与目标不同，对政策的解读难免会有矛盾冲突。2018年9月28日，印度最高法院解除所有10到50岁妇女不得进入喀拉拉邦沙巴里马拉（Sabarimala）庙参拜的禁令。印度人民党和国民志愿服务团中央领导层均对此表示支持，但地方团家族组织却表明了不同立场。10月1日，印度人民党喀拉拉邦党组织在科钦（Kochi）召开会议，确定向最高法院提交复审申请，要求喀拉拉邦出台法令，以扭转最高

---

① "Seminar on Refugees In Their Own Homeland : Travails of Kashmiri Pandits," Vivekananda International Foundation, May 2, 2013, https://www.vifindia.org/event/report/2013/05/02/seminar-on-refugees-in-their-own- homeland-travails-of-kashmiri-pandits, 2019年11月4日。

② Jammu Kashmir Study Centre, *Article-370' a discussion*, August, 2014, pp. 54-59.

③ Guru Prakash, "Decoding Article 370 of the Indian Constitution," *Indian Foundation Journal*, Vol. II, No. 2, March 2014, p. 35.

法院的判决。①与此同时，印度人民党在该邦的领导人还表示，将向中央领导层通报该邦对允许妇女入庙事件所"压抑的愤怒"。10月2日，两家有团家族背景的非政府组织呼吁封锁喀拉拉的邦道和国道，要求政府颁布保护沙巴里马拉传统习俗的立法。②实际上，印度人民党和国民志愿服务团在喀拉拉的领导层发现，可利用神庙事件大肆煽动宗教情绪，借此提升其在喀拉拉邦的影响力，于是选择无视中央领导对判决的认可，甚至在党的高层领导人的默许下，发起反对判决的激烈运动，多家团家族成员组织也加入反对行列，③印度人民党喀拉拉邦主席甚至鼓吹沙巴里马拉庙事件是印度人民党发展的黄金机遇期，煽动民众反对判决是党的议程。④在地方团家族组织的反对声浪之中，团组织中央领导层改变态度，国民志愿服务团二把手乔希（Bhaiyyaji Joshi）10月3日发表声明，称供奉者的情绪不能被忽视，在实施政策时首先要考虑利益相关方是否会针对判决提交复审申请。⑤有趣的是，就在一天后，印度思想中心副主任桑迦耶（R. Sanjayan）在印度人民党-国民志愿服务团在喀

① Smriti Kak Ramachandran, "Kerala ignored sentiments while implementing Sabarimala verdict, says RSS," *Hindustan Times*, October 3, 2018, https://www.hindustantimes.com/india-news/kerala-ignored-sentiments-while-implementing-sabarimala-verdict-says-rss/story-xJ8Mn1ox96qmk34WYkQDpM.html, 2019年11月10日。

② Ramesh Babu, "Sabarimala verdict: Kerala govt asks shrine board to implement SC order, BJP for ordinance to restore status quo," *Hindustan Times*, October 1, 2018, https://www.hindustantimes.com/india-news/sabarim ala-verdict-kerala-govt-asks-shrine-board-to-implement-sc-order-bjp-for-ordinance-to-restore-status-quo/story-LUnsCcwL9CS6Ebnj4VPDeP.html, 2019年11月10日。

③ C. Gouridasan Nair, "Sabarimala row triggers a political churn in State," *The Hindu*, October 9, 2018, https://www.thehind u.com/news/national/kerala/sabarimala-row-triggers-a-political-churn-in-state/article25161226.ece, 2019年11月4日。

④ Nagarjun Dwarakanath, "Sabarimala a golden opportunity for us, says Kerala BJP chief, kicks up row," *India Today*, November 5, 2018, https://www.indiatoday.in/india/story/sabarimala-a-golden-opportunity-for-us-says-ke rala-bjp-chief-kicks-up-row-1382946-2018-11-05, 2019年11月10日。

⑤ Vishnu Varma, "Article in RSS mouthpiece on Sabarimala verdict contradicts stand of national leadership," *The Indian Express,* October 4, 2018, https://indianexpress.com/article/india/article-in-rss-mouthpiece-on-sabari mala-verdict-contradicts-stand-of-national-leadership-5386526/, 2019年11月4日。

拉拉邦的喉舌《故土日报》（*Janmabhumi*）上发表评论文章，反驳了团领导层的立场，支持最高法院的裁决。[1]这场在外人看来自相矛盾的纠葛，实质上反映出团家族的内部矛盾，以及中央与地方在衡量政治利益时的分歧。

[1] Vishnu Varma, "Article in RSS mouthpiece on Sabarimala verdict contradicts stand of national leadership," *The Indian Express*, October 4, 2018, https://indianexpress.com/article/india/article-in-rss-mouthpiece-on-sab arimala-verdict-contradicts-stand-of-national-leadership-5386526/, 2019年11月4日。

———— 第五章 ————

智库研究：以印度智库对印度
海洋战略的研究为例

自20世纪90年代拉奥政府推行经济自由化改革以来，印度经济与全球经济的联系日益密切并逐渐融入经济全球化浪潮。这一趋势促使印度政府逐渐重视海洋，因为印度极为看重的国际贸易和能源运输都是通过海路进行。经济要素的驱动使得印度决策者开始持续关注海洋问题及其海洋战略。然而2008年11月发生的孟买恐袭事件给印度发展"蓝水海军"的海洋雄心造成一定的冲击，这一事件促使印度海军高层开始关注印度的近海安全问题。与此同时，中国也日益重视印度洋地区。这些因素的相互作用促使印度的海洋安全态势发生了一定程度的变化。

印度海洋安全态势的变化引起了印度学界的关注和焦虑。印度学界如何理解这一变化、他们重点关注印度海洋战略中的那些问题以及他们如何理解印度海洋战略中的"中国因素"，这成为本书着重探讨的问题。本章试图以印度主要智库[①]的研究成果为基础，分析印度学者对印度海洋战略的认知。

---

① 这些智库包括：印度国防分析研究所（Institute for Defence Studies and Analyses, 简称IDSA）、印度国家海洋基金会（National Maritime Foundation, 简称NMF）、印度观察家基金会（Observer Research Foundation, 简称ORF）及印度政策研究中心（Centre for Policy Research, 简称CPR）。

第一节 印度发展海洋战略的动机

印度当前的海洋战略是诸多内外因素相互作用的结果。这些驱动性因素具体体现在以下几个方面。首先，21世纪以来的国际形势发生了显著变化，印度学者认为这一变化既发生在全球层面，又发生在地区层面。在全球层面，美国结盟体系的相对衰落已是不争的事实。随着美国亲密盟友欧洲及日本人口问题日益凸显，美国已经意识到自己所面临的危险形势。强大的经济军事实力、广泛的结盟体系、美国在金融及能源领域的主导权是美国强大的四大支柱，但现在这些支柱似乎已不那么稳定和牢靠。现在看来中美之间的军事差距仍旧较大，但是中国是美国在经济及军事领域的主要竞争对手。当前美国战略的性质是构建或重建与新兴大国（印度、印度尼西亚、巴西）的伙伴关系，但是现在的国际形势已与冷战时期有根本的不同：冷战时期苏联的"威胁"迫使各国投入美国的怀抱；而现在，新兴大国则从多中心的世界格局中看到了更大的机遇。[1]这一趋势意味着新崛起的印度有更广大的战略选择空间。在全球力量分布及发展趋势方面，印度学者认为有两大变化值得注意。一是海洋重心已经从大西洋—太平洋转移到太平洋-印度洋；另一个经验性的现实是传统海军强国美国和英国正迅速衰落，而只有中国和印度两国的海军力量能实现长期增长。[2]

在地区层面，印度洋地区的地缘政治结构也正在发生显著的变化。尽管学者们对美国衰落的程度有着不同的认识，[3]但是他们却承认这种变化，并认为印度洋地区有结构调整的必要性。有学者指出，中印两国的崛起是影响印度洋地区地缘政治的关键性因素，并且中印崛起会产生以下后果：第一，

---

① Sunil Khilnani and Rajiv Kumar, *Nonallgnment 2. 0: A Foreign and Strategic Policy for India in the Twenty First Century*, Centre for Policy Research, 2012, pp. 31−32.
② C. Uday Bhaskar, "China and India in the Indian Ocean Region: Neither Conflict nor Cooperation Preordained," *China Report*, Vol. 46, Issue3, August 2010, p. 312.
③ 一些学者认为，随着中国和印度的崛起，重构印太地区的势力均衡是很有必要的，因为美国的相对衰落不可避免；另一些学者认为，印度洋地区的地缘政治结构变更或许不可避免，但是却没有那么急迫，美国依然维持着其在全球及印太地区的优势地位。详见C. Raja Mohan, "India and the Changing Geopolitics of the Indian Ocean," *Maritime Affairs*, Vol. 6, No. 2, Winter 2010, pp. 2−3.

中印两国经济总量的增加必将增强它们自身的实力，并重塑印度洋和亚太地区的地缘政治空间，其最大后果就是美中印三国在印太地区形成"战略三角"。第二，全球化及贸易逻辑意味着中国和印度比以往任何历史时期都更加依赖海洋：中印融入世界经济的程度越深，两国对海洋的依赖程度也就越深。第三，中印与世界其他国家愈益明显的相互依赖要求两国采取更加灵活复杂的军事战略来维护自身的国家利益，而海军在中印两国各自的战略规划中也将越来越重要。① 还有学者认为美国与中国是印度洋地区安全结构中的关键变量。尽管印度洋的安全已成为相关国家日益关注的焦点，但是印度洋地区的战略不确定性却日益增加。其原因在于美国在亚洲的军事存在日益减少，且中国正日益成长为一个亚洲强国。这将会加剧印度洋上的战略不确定性，并导致其他大国在该地区展开竞争以争夺主导权。为了避免印度洋地区的大国对抗并确保该地区的航行自由及和平稳定，印度必须成为该地区值得信赖的大国并在建立印度洋地区合作安全框架方面发挥领导作用。②

其次，印度自身安全形势的变化。印度学者认为中国和巴基斯坦是印度当前安全考量中的两大重要因素，中巴威胁既来自陆地方向也来自海洋方向。印度处在两个有敌意的核武器国家之间，这使得印度的处境十分尴尬。中国不仅在传统武器方面远远领先于印度，其核武库在弹头威力和导弹射程方面也领先于印度；而巴基斯坦在传统武装力量和核武器方面尽管存在劣势，但是巴基斯坦认为当自己在军事上处于弱势时有权将小规模或意外冲突升级为核冲突，这将极大地弱化印度的核威慑力量。更为糟糕的是，在印巴传统武装冲突中，印度需要时刻考虑开辟"第二战线"以应对中国的冒险主义行动或牵制性策略。③在这种严重不对称的情况下，为了挫败中国和巴基斯坦两位对手，印度只能打"海洋牌"，利用海上优势缓解陆地方面的劣

① C. Raja Mohan, "India and the Changing Geopolitics of the Indian Ocean," *Maritime Affairs*, Vol. 6, No. 2, Winter 2010, pp. 3-5.
② Joshy M. Paul, "Emerging Security Architecture in the Indian Ocean Region: Policy Options for India," *Maritime Affairs*, Vol. 7, No. 1, Summer 2011, p. 28.
③ 印学者指出，在每一次的印巴冲突中，印度都必须十分谨慎，在西部边境只能部署50%~60%的陆军和空军，而剩下的军事力量必须集结在北部或东北部以应对来自中国方面的威胁。详见阿伦·普拉卡什：《印度海权的崛起：起源、目标与长期计划》，载张海文、彼德·达顿、陆伯彬、奥伊斯腾·通什主编：《21世纪海洋大国：海上合作与冲突管理》，北京：社会科学文献出版社，2014年，第135—136页。

势。①同时，印度面临着中巴来自海洋方面的威胁。近年来，中国日益关注印度洋，并在该地区建立一种坚定的战略存在。2011年中国获得西南印度洋的海床开采权。与此同时，中国海军在印度洋进行多元化部署，譬如2008年以来中国海军在亚丁湾的反海盗行动以及中国海军潜艇访问科伦坡和卡拉奇。②而巴基斯坦追求海军核武器化的趋势也越来越明显。自2012年以来，巴基斯坦开始采取一系列措施来实现海军核武器化。2012年巴基斯坦成立海军战略力量指挥部（Naval Strategic Forces Command）来发展海上核威慑能力；巴基斯坦计划在中国的援助下建造S-26、S-30型潜艇并计划从中国采购8艘元级常规潜艇。若这一计划得以实现，巴基斯坦海军就拥有在印度洋与印度海军相匹敌的潜力。同理，中国在发展海军威慑能力方面（尤其是中国潜艇在印度洋的对地攻击能力）所取得的进展也会对印度造成严重的后果。③

此外，印度还面临海洋恐怖主义的威胁。2008年11月的孟买恐怖袭击极大地改变了印度的海洋安全规划。孟买恐袭后，沿海安全就成为印度政府海洋安全议题中的首要问题。为了避免类似事件再次发生，海岸防御成为印度海军和平时期任务的重要组成部分。④2014年9月，"基地"组织宣布要将"圣战"带入南亚次大陆。印度方面认为这可能鼓励巴基斯坦国家支持的恐怖主义分子将印度作为目标，再次通过海上发动一场恐怖袭击。为此，印度不得不重点关注其国内安全及海上安全。⑤对沿海安全和海洋恐怖主义的重视还体现在印度最新颁布的海军文件中。有学者指出，2015年印度海军发布的

---

① 阿伦·普拉卡什：《印度海权的崛起：起源、目标与长期计划》，载张海文、彼德·达顿、陆伯彬、奥伊斯腾·通什主编：《21世纪海洋大国：海上合作与冲突管理》，北京：社会科学文献出版社，2014年，第135—136页。
② Gurpreet S. Khurana, "India's Maritime Strategy: Context and Subtext," *Maritime Affairs*, Vol. 13, No. 1, April 2017, p. 16.
③ Abhijit Singh, "An Indian Maritime Strategy for an Era of Geopolitical Uncertainty," *Journal of Defence Studies*, Vol. 9, No. 4, October–December 2015, p. 11.
④ Abhijit Singh, "An Indian Maritime Strategy for an Era of Geopolitical Uncertainty," *Journal of Defence Studies*, Vol. 9, No. 4, October–December 2015, p. 15.
⑤ Gurpreet S. Khurana, "Indian Maritime Doctrine and Asian Security: Intentions and Capabilities," in Namrata Goswami (eds.), *India's Approach to Asia: Strategy, Geopolitics and Responsibility*, New Delhi: Pentagon Press, 2016, p. 278.

海洋战略文件《确保安全的海洋：印度海洋安全战略》中所强调的"安全的海洋"就与沿海安全密切相关。①

再次，印度有维护自身经济安全的迫切需求。经济因素是驱使印度推行更为积极的海洋战略的关键性因素。自20世纪90年代印度推行经济改革以来，印度经济与世界经济的联系日益密切。印度学界对印度经济的发展方向已形成了一种共识，他们认为印度融入全球经济对印度经济的持续发展至关重要。印度必须意识到印度权力的基础在很大程度上依赖于其在全球所取得的经济成就。同时，印度应该意识到自身在全球化进程中的收益要大于风险。为此印度必须进一步加深与世界的经济联系，并努力维持一个开放的国际秩序。②在经济全球化意识显著提升的同时，印度的经济也取得突飞猛进的发展。在全球化的有力刺激下，印度经济急剧增长。这不仅导致了大量的外国直接投资，也使得印度拥有了巨额的海外投资。同时2000万海外侨民也使印度日益增长的经济利益遍布世界各地。这一态势又加深了印度经济对国际贸易及国际海上运输线的依赖。③与印度经济增长相伴生的是大规模的能源消耗，预计在未来25年里，印度的制造业、运输业及农业使能源需求每年大致提高3~4个百分点；预计到2030年，印度能够超过日本和俄罗斯，在能源消耗的阶梯中排到第三位。④然而印度的能源现状及前景却不容乐观。印度的能源严重依赖进口，当前印度对进口石油的依赖程度已达到75%，而到2030-2031年，这一数字将上升到90%。据估算，到2030—2031年，印度66%~75%的煤炭都需要进口。⑤国际贸易及能源运输这两大要素使印度愈益认识到自身对海洋的依赖。

① Gurpreet S. Khurana, "India's Maritime Strategy: Context and Subtext," *Maritime Affairs*, Vol. 13, No. 1, April 2017, p. 15.

② Sunil Khilnani and Rajiv Kumar, *Nonallgnment 2.0: A Foreign and Strategic Policy for India in the Twenty First Century*, Centre for Policy Research, 2012, p. 25.

③ Arun Prakash, "Maritime Security of India: Future Challenges," Institute for *Defence Studies and Analyses*,November 26, 2013, https://idsa.in/keyspeeches/MaritimeSecurityOfIndiaFutureChallenges.

④ [印]阿伦·普拉卡什：《印度海权的崛起：起源、目标与长期计划》，载张海文、彼德·达顿、陆伯彬、奥伊斯腾·通什主编：《21世纪海洋大国：海上合作与冲突管理》，北京：社会科学文献出版社，2014年，第133页。

⑤ Sunil Khilnani and Rajiv Kumar, *Nonallgnment 2.0: A Foreign and Strategic Policy for India in the Twenty First Century*, Centre for Policy Research, 2012. p. 51.

多数学者认为作为海洋国家的印度，其经济力量与海洋战略之间具有一种内在联系。有学者指出，国家最重要的利益是持续的经济进步及国家福祉，国家可以运用经济力量追求更深层次的国家利益。因此国家的安全目标不可避免地受到一段时期内的经济目标的驱动。[1]还有学者引用马汉的观点来论证海权目标与国家经济目标之间的关系：海权的目标不是海权本身，而是服务于其他重要的国家利益。由于国家强大和繁荣的源泉在于和平时期的贸易，因此保障促进经济发展的源泉（对外贸易、商业及自然资源）对国家而言至关重要，而海权则是实现这一目标的唯一手段。[2]然而也有学者指出不应过分强调印度海洋战略中的"经济因素"：强调经济安全是印度当前海洋战略的独特特征，印度海洋战略的一大定位是海军是确保印度贸易及能源安全的首要工具。然而，过分强调确保印度洋地区海上运输线的安全则会削弱印度海军在更广阔的亚太海岸保卫印度战略资产的能力。[3]

第二节 印度海洋战略中的关键要素

上文中已提到，经济要素是印度发展海洋战略的一大动机。但是应该注意的是，印度经济发展与海洋战略的关系并非简单的单向因果关系，而是一种互为因果、相互促进的关系。一方面，经济的迅速发展需要印度有强有力的海洋战略保护经济安全、能源安全及海外资产；另一方面，印度经济与世界经济之间的密切联系又进一步拓宽了印度政治精英的战略视野和思维地

---

[1] Sarabjeet Singh Parmar, "The Maritime Dimension in India's National Strategy," in Krishnappa Venkatshamy and Princy George(eds.), *Grand Strategy for India: 2020 and Beyond*, New Delhi: Pentagon Press, 2012, pp. 83−84.

[2] Arun Prakash, "Maritime Security of India: Future Challenges," Institute for Defence Studies and Analyses,November 26, 2013, https://idsa.in/keyspeeches/MaritimeSecurityOfIndiaFutureChallenges.

[3] Abhijit Singh, "An Indian Maritime Strategy for an Era of Geopolitical Uncertainty," *Journal of Defence Studies*, Vol. 9, No. 4, October−December 2015, p. 16.

图，这又为印度海洋战略的进一步发展奠定了基础。[1] 众所周知，印度洋对于印度海洋安全而言意义重大。有学者指出，对多数国家而言，印度洋地区仅是它们海上运输的中转站，是它们的联通渠道；然而，这一地区却是印度的神经中枢，因为印度海上交通线的起点和终点都在印度洋上。[2] 尽管印度洋对印度而言意义重大[3]，但是印度的海洋安全关切又不仅仅局限于印度洋上，具体而言主要涉及以下几个方面：第一，维持在印度洋地区的优势地位以确保稳定安全的海洋环境。第二，维护在印度洋地区之外的国家利益。作为一个稳定的全球参与者，印度海军应该展示"非进攻性"形象。第三，确保印度海上交通线的安全，为此印度海军应该有意展示其海上存在。第四，内部安全，包括岛屿领土的安全及海岸线安全。[4]

印度海军是否有足够的资源和能力来应对这一广泛的海洋安全关切？印度是否像多数中国学者所判断的那样实行"印度洋控制战略"？印度学者如何认识印度当前海洋战略所面临的挑战？为了加深对印度海洋战略的理解，本部分将着重分析印度当前海洋战略的主要方面及其在发展过程中所面临的挑战。

---

[1] 多数印度学者认为，随着印度日益融入全球化、印度与海外的联系日益密切，尽管印度的统治精英仍然被先天的"海盲"所困扰，但是印度这种以陆地为导向的思维模式在很大程度上已经得到修正。详见阿伦·普拉卡什：《印度海权的崛起：起源、目标与长期计划》，载张海文、彼德·达顿、陆伯彬、奥伊斯腾·通什主编：《21世纪海洋大国：海上合作与冲突管理》，北京：社会科学文献出版社，2014年，第129页；Abhijit Singh, "An Indian Maritime Strategy for an Era of Geopolitical Uncertainty," *Journal of Defence Studies*, Vol. 9, No. 4, October–December 2015, p. 18.

[2] Sarabjeet Singh Parmar, "The Maritime Dimension in India's National Strategy," in Krishnappa Venkatshamy and Princy George(eds.), *Grand Strategy for India: 2020 and Beyond*, New Delhi: Pentagon Press, 2012, p. 85.

[3] 20世纪印度的"海权之父"亦曾对印度洋的战略地位做过一番精辟的论述。他认为："对别的国家而言，印度洋仅仅是许多重要海域中的一个；但对印度来说，印度洋却是最重要的海域。印度的生命线集中在这里，印度的自由依赖于这片海域的自由。假若印度的海岸安全得不到保障，那么印度的工业发展、商业繁荣以及政治稳定都是空谈。印度来日的伟大，在于海洋。"详见 Don Berlin, "The Rise of India and the Indian Ocean," *Journal of the Indian Ocean Region*, Vol.7, No.1, June 2011, p. 3。

[4] Sarabjeet Singh Parmar, "The Maritime Dimension in India's National Strategy," in Krishnappa Venkatshamy and Princy George(eds.), *Grand Strategy for India: 2020 and Beyond*, New Delhi: Pentagon Press, 2012, p. 91.

一、"战略自主"与印度"由陆向海"的战略转向

虽然印度有着悠久丰富的海洋传统，但是印度在战略思维和战略规划方面还是有所欠缺。早在20世纪90年代，美国学者乔治·K. 坦纳姆（George K. Tanham）就指出，在印度的历史文化发展进程中，印度很少创造出正式的战略思想和规划，这使得印度缺乏系统的战略思想。印度战略文化的缺失与印度历史文化有很大的关系。一方面，印度在其大部分历史时期都缺乏政治上的大一统，这使得人们很少思考整体性的防御计划；另一方面，印度教教义之中缺乏时间观念，并且将人生看作是神秘的、不可知的。在这样一种思想观念下，人主动规划、控制自己的生活没有太大的意义。简言之，不注重现世的印度哲学、宿命论世界观以及种姓制度的束缚在过去都阻碍了印度发展一种长远的战略规划。[①]

尽管乔治·K. 坦纳姆的论断在当时引发了极大的争议，但是研究印度海洋战略的学者却对这一问题基本达成共识，即印度的战略文化存在一定程度的缺失。这种缺失主要体现在两个方面：第一，印度历史传统中的"非暴力"（Mantra of "Ahimsa"）思想影响深远。印度学者认为，印度特色的军事文化与其崇尚的"非暴力"思想密切相关。非暴力思想已成为印度政府政策声明的基础，并驱使印度在全球和地区秩序中维持现状。印度强调自己是"净安全的提供者"而非"安全的净提供者"，[②]就是为了不使印度留下这样的印象：印度试图扮演地区"警察"的角色或印度试图追求地区"霸权"。这一社会思潮所导致的后果是，尽管印度当前的国防力量已取得长足发展，但是在国家层面，印度军事文化并没有与国家机制协调发展。不仅多数政治领导人不熟悉军事理论及军事学说，而且多数印度公民、官员及媒体人士也不熟悉海洋问题及相关的国际法。[③]第二，印度政界对制定战略方针抱有一种冷漠的态度。印度政治家虽然极力强调文官治军的原则，但是这些政治家

---

① George K. Tanham, *Indian Strategic thought: An Interpretive Essay*, Published by Rand, 1992, pp. 50−52.

② 其区别在于后者强调印度的"地区警察"角色，而前者强调印度是"安全"这一公共产品的提供者。

③ Gurpreet S. Khurana, "India's Maritime Strategy: Context and Subtext," *Maritime Affairs*, Vol. 13, No. 1, April 2017, pp. 17−18.

却未能制订国家目标和计划，也没有为军事领导集团提供战略目标和指导方针。印度大多数政治家花费大量的时间从事政治活动来为自己谋取上升空间；而较为务实的政治家则把更多的精力投入到选民、政党、议会中去。在这种政界态度冷漠的大背景下，"海洋印度"的宏大愿景只能依靠印度海军的高级领导层来持续推动。[①]

印度当前的海洋战略不仅受到战略文化的影响，还受到更宏观的国家战略原则的影响。自印度独立以来，"战略自主"就被视为印度对外政策的重要目标。这一战略原则曾发挥了重要的作用，但是在国际国内形势早已巨变的21世纪，"战略自主"是否还能运用于印度的战略实践，这一问题引发了广泛的争论。印度学者就这一问题大体分为两派。一方以印度著名战略学者拉贾·莫汉（C. Raja Mohan）为代表。莫汉认为"自主"是弱国远离大国纷争、维护自身利益的方式，是一种自我隔绝的方式。而如今印度的经济增长及繁荣与海外的资源、市场紧密地联系在一起，印度自身的安全边界迅速扩大且利益分布更加广泛。在这一大背景下，"自主"已不再是印度外交和安全政策的组织原则。印度决策者应该放弃几代人珍视的旧原则（战略自主）以应对当前的新形势。[②]

另一派学者则认为，尽管当今的国内外形势发生了巨大变化，"战略自主"这一原则在印度融入国际社会的进程中仍然具有极重要的价值。[③]全球体系的竞争结构给印度留下了较大的选择空间，这使印度能够通过不结盟政策来维护核心国家利益，进而使自身战略选择最大化，扩展印度的战略空间并增强其独立处理事务的能力。除了有利的国际环境之外，印度能坚持"战略自主"原则还在于印度的一大特征：印度在国际社会中拥有多元化的身份和

---

① [印]阿伦·普拉卡什：《印度海权的崛起：起源、目标与长期计划》，张海文、彼德·达顿、陆伯彬、奥伊斯腾·通什主编：《21世纪海洋大国：海上合作与冲突管理》，北京：社会科学文献出版社，2014年，第127—129页。
② C. Raja Mohan, "India and the Changing Geopolitics of the Indian Ocean," *Maritime Affairs*, Vol. 6, No. 2, Winter 2010, p. 6.
③ 该观点主要反映在印度2012年发布的一份智库报告《不结盟2. 0：21世纪印度外交及战略政策》中，该观点在很大程度上反映了印度官方对"战略自主"原则的态度。

利益。①印度学者认为这是印度最宝贵的战略资产，因为这意味着印度可以成为沟通不同国家的独特桥梁。因此，印度必须充分发挥这种沟通潜能，并将其转化为实实在在的收益。就印中美三角关系而言，为了不使美国削弱印度的战略自主能力，印美应该成为朋友而非盟友；同时，印度要努力打消中国对美印日关系的疑虑。②

尽管"战略自主"原则对印度海洋战略构成限制，譬如印度海军无法与别国海军结成联盟。③但是多数学者认同这一战略原则，并主张印度的战略重心应该由陆地转向海洋。本部分着重论述印度"由陆向海"战略转向的可能性（印度发展海洋战略的迫切性在第一部分已有论述）。印度学者认为内外两大因素使得印度"由陆向海"的战略转向成为可能。一方面，自20世纪90年代以来，随着印度国家安全能力的提升（1998年印度成为核武器国家、1999年印度在卡吉尔冲突中决定性的实现其政治目标）及经济的迅猛发展，印度逐渐成为自信的民族国家。④这为印度进一步摆脱之前的大陆包袱⑤并重

---

① 印度学者认为，印度自身的处境使印度能够跨越不同的国家、连接分散的全球权力体系的各个节点。从宪政的角度来看，在非西方大国中印度的"西方化"和自由化程度最高，但是印度却根植于亚洲；尽管印度是一个贫穷的发展中国家，但是印度却拥有巨大的全球影响力；尽管印度的经济发展水平仍旧比较低，但是印度具备成为技术大国的潜力；印度致力于民主实践，并且坚信一个健全的民主体制有利于保障国家间的安全，但是印度却不"输出"民主或将其视为一个世界政治中必不可少的意识形态概念。详见Sunil Khilnani and Rajiv Kumar, *Nonallgnment 2. 0: A Foreign and Strategic Policy for India in the Twenty First Century*, Centre for Policy Research, 2012, p. 31。

② Sunil Khilnani and Rajiv Kumar, *Nonallgnment 2. 0: A Foreign and Strategic Policy for India in the Twenty First Century*, Centre for Policy Research, 2012, p. 31.

③ Gurpreet S. Khurana, "Indian Maritime Doctrine and Asian Security: Intentions and Capabilities," in Namrata Goswami (eds.), *India's Approach to Asia: Strategy, Geopolitics and Responsibility*, New Delhi: Pentagon Press, 2016, p. 277.

④ Gurpreet S. Khurana, "Indian Maritime Doctrine and Asian Security: Intentions and Capabilities," in Namrata Goswami (eds.), *India's Approach to Asia: Strategy, Geopolitics and Responsibility*, New Delhi: Pentagon Press, 2016, p. 274.

⑤ 印度学者认为北方陆地层面的阻碍主要体现在两个方面：一、印度北部的地理－自然障碍使印度处于相对孤立的状态，而其漫长的海岸线及在印度洋上的中心位置则使印度与南方海洋联系密切；二、由于印度和多数陆上邻国关系较差，印度不能通过陆地来拓展其影响力。因此印度必须塑造有利的印度洋安全环境，并通过海洋来提升自身影响力，最终增强印度在国际体系中的政治形象。详见Gurpreet S. Khurana, "Indian Maritime Doctrine and Asian Security: Intentions and Capabilities," in Namrata Goswami (eds.), *India's Approach to Asia: Strategy, Geopolitics and Responsibility*, New Delhi: Pentagon Press, 2016, p. 274; Joshy M. Paul, "Emerging Security Architecture in the Indian Ocean Region: Policy Options for India," *Maritime Affairs*, Vol. 7, No. 1, Summer 2011, pp. 41-42。

点关注其海洋议题及海外利益奠定了坚实的物质和精神基础。

另一方面，印度拥有进行战略转型的有利机遇期。在中印巴都拥有核武器的背景下，印度实现其政治目标的范围大大缩小了，因为冲突有升级为核战争的可能性。由于核武器限制了常规军事力量的效用，印度与中巴在北方陆地边境发生常规军事冲突的可能性大大降低；海军的作用因此日益凸显。而在未来的十多年里，巴基斯坦和阿富汗很可能都会继续受到内部问题的困扰，中国则可能继续专注于为经济发展及内部稳定创造有利的环境。在这一背景下，印度转而发展海军力量是可行的。印度应该抓住这一机遇，促使资源从印巴边境转移至中印边境；同时印度应该分配更多资源发展海洋能力，利用在印度洋上有利的战略地位来增强印度的军事力量。⑥

二、印度海军的"力量投射"

印度学者认为，印度海军必须增强力量投射能力来维护广泛分布的国家利益。然而，要实现这一目标不仅仅需要进行能力建设，更需要更新观念、扩大印度海军的活动范围。

印度政治领导人的传统观念根深蒂固，这严重阻碍了决策者拓宽其海洋战略视野、推行更积极的海洋战略。在过去20多年里，随着经济全球化的深入，印度海军领导层开始制定新的海洋战略以适应环境的变化。在瓦杰帕伊和曼莫汉·辛格执政时期，印度政府也反复强调印度海洋利益区的扩展，然而在官僚领导层"一切照旧"的思维模式下，印度政治精英缺乏对海洋战略的热情。在印度官方的话语体系中，"远征"一词仍是一个禁忌；"力量投射"的概念仍会让印度政治阶层感到不安（他们更能够接受的是第三世界主义的旧原则）。⑦这种"政治意愿方面的限制"很可能是制约印度海军发展的关键性因素。印度政治领导人总是强调印度要承担与其规模相称的责任，即印度有责任帮助周边弱小的邻国。但是这些政治家没有意识到的是，没有

⑥ Sunil Khilnani and Rajiv Kumar, *Nonallgnment 2.0: A Foreign and Strategic Policy for India in the Twenty First Century*, Centre for Policy Research, 2012, pp. 38—39.

⑦ C. Raja Mohan, "India and the Changing Geopolitics of the Indian Ocean," *Maritime Affairs*, Vol. 6, No. 2, Winter 2010, pp. 7—8.

"硬实力投射能力，印度就无法帮助邻国"。①

此外，印度海洋战略的制定者过于强调印度海军的良性使命。当前印度海军确保海洋安全的基本思路仍是以"合作行动"为前提，即强调特殊的良性拓展使命及协作性的警察使命。印度海军通过良性行动与别国海军合作，增强印度海军与他国海军的协同性并警示潜在的对手。然而，过于强调这一非战斗角色倾向于贬低印度海军的军事职能，妨碍其在印度洋发展主动防御的战略。在印度海军远洋能力仍然有很大欠缺、印度海军还未能将"力量投射"这一概念内化为必要学说的情况下，良性使命实际上侵蚀了"力量投射"这一战略观念。②

在转变观念的同时，印度学者认为印度海军需要拓宽其活动范围、突破"域内"与"域外"这一传统的地域界限。有学者从利益关联的角度论证了打破地区界限的必要性。在2008年印度主动召开印度洋海军论坛时，印度坚持成员国必须是印度洋沿岸的"地区"国家。印度对"域外"大国的排斥反映出印度对中国在印度洋日益增长的影响力的担忧。但是印度强行区分"域内"与"域外"是一种徒劳无功的做法。一方面，印度也成为这种人为区分的目标。在马六甲海峡，"域内与域外"的争论经常使印度处于劣势；而在西太平洋有重大利益的印度也不希望被当作域外国家。另一方面，将有重大利益关联的大国排除在外，地区机制将无法正常运转。从实际操作的角度来讲，印度既无法排除美国在印度洋上的军事存在，亦无法阻止中国海军在印度洋日益增长的影响力。印度不应该固守无法执行的"门罗主义"，而是应该设法处理美国及中国在印度洋上的利益与军事存在的现实。③还有学者认为印度需要突破印度洋的地域限制，在更广阔的'印太'空间内应对中国的挑战。印度在南印度洋及西太平洋日益扩大的贸易及能源利益，需要印度实施

① Gurpreet S. Khurana, "Indian Maritime Doctrine and Asian Security: Intentions and Capabilities," in Namrata Goswami (eds.), *India's Approach to Asia: Strategy, Geopolitics and Responsibility*, New Delhi: Pentagon Press, 2016, p. 285.
② Abhijit Singh, "An Indian Maritime Strategy for an Era of Geopolitical Uncertainty," *Journal of Defence Studies*, Vol. 9, No. 4, October–December 2015, pp. 13–14.
③ C. Raja Mohan, "India and the Changing Geopolitics of the Indian Ocean," *Maritime Affairs, Vol.* 6, No. 2, Winter 2010, pp. 11–12.

强有力的跨区域海洋战略。但是印度害怕卷入太平洋有争议的海洋纠纷且无力在广阔的印太地区进行力量投射，这使其无法在印太地区保障自身的国家战略利益。①印度海军在太平洋影响力有限且无法在太平洋上采取更积极姿态的主要原因，在于印度缺乏在远海进行力量投射的兴趣。印度战略精英认为印度洋和太平洋是两个不同的空间范畴。他们认为印度洋和太平洋分别面临不同性质的挑战，因而这两个地区不可能成为连贯一体的战略空间。然而中国在印度洋上日益频繁的海洋活动（海洋基础设施投资及潜艇部署）将逐渐侵蚀印度海军在印度洋上的优势地位，并使印度的安全估算更加复杂。对印度海军而言，在印度洋上进行防御性威慑既难以实施又很难维持。因此，印度海军很可能需要在更宽广的印太地区开展行动，在中国海军易受攻击的地区显示存在并以此挑战中国的优势。②

为了增强印度海军的远洋行动能力③及力量投射能力，印度需要实行更加强有力的军事外交。这意味着印度需要对其他友好国家的港口和周转设施做出安排，这将极大增强印度海军的辐射能力，增加印度海军的灵活性和可持续性。在印度海军的远洋行动中，印度海军的后勤补给能力至关重要，后勤补给是整个海军作战不可或缺的一部分。在缺乏"前沿存在"的情况下，没有哪个大国能够建立一支具备力量投射能力的蓝水海军。长期以来，印度一直排斥在印度洋上建立"海外基地"。④在没有海外军事基地的情况下，印度海军设想主要通过补给船来满足舰队一切可能的后勤-技术需求，然而印度海军的这一补给能力仍处于初始阶段。⑤

① Abhijit Singh, "The Indian Navy's Security Role in Littoral Asia," in Namrata Goswami (eds.), *India's Approach to Asia: Strategy, Geopolitics and Responsibility*, New Delhi: Pentagon Press, 2016, p. 306.

② Abhijit Singh, "The Indian Navy's Security Role in Littoral Asia," in Namrata Goswami (eds.), *India's Approach to Asia: Strategy, Geopolitics and Responsibility*, New Delhi: Pentagon Press, 2016, pp. 309−310; Abhijit Singh, "An Indian Maritime Strategy for an Era of Geopolitical Uncertainty," *Journal of Defence Studies*, Vol. 9, No. 4, October−December 2015, p. 16.

③ 这意味着印度海军在没有国内基地补给的情况下具备执行长期任务的能力。

④ C. Raja Mohan, "India and the Changing Geopolitics of the Indian Ocean," *Maritime Affairs*, Vol. 6, No. 2, Winter 2010, pp. 7−8.

⑤ Gurpreet S. Khurana, "Indian Maritime Doctrine and Asian Security: Intentions and Capabilities," in Namrata Goswami (eds.), *India's Approach to Asia: Strategy, Geopolitics and Responsibility*, New Delhi: Pentagon Press, 2016, pp. 283−284.

能力方面的不足使印度学者对印度海军力量投射的前景持相对悲观的态度。有学者指出，从中期来看，印度海军的"硬"力量投射能力仅仅能拓宽行动选择的范围以更好地服务于地区事务。这也就意味着印度的海军力量在很大程度上仍被限制在印度洋地区。[1]同时，印度的地区性角色不太可能超出国际行为准则的限制。在可预见的未来，印度不太可能成为全球性的主导大国，甚至不可能成为地区性的军事经济强国。这将在很大程度上限制印度的过度扩展。此外，缺乏军事盟友的支持，印度不可能拥有足够的军事及财政资源来执行可能遭致国际社会反对的单边行动。[2]

三、印度的沿海安全问题

2008年11月孟买恐怖袭击之后，沿海安全就成为印度国家安全议题的重心；2014年9月4日，"基地"领导人声称要将"圣战"带入印度次大陆。仅在两天之后，南亚的"基地"分子就围困巴基斯坦的造船厂，并试图劫走一艘护卫舰，这一事态在引起印度海军高度戒备的同时提醒人们注意印度沿海地区存在的威胁。[3]这些事态的发展使人们极为关注印度的沿海安全问题。孟买恐怖主义袭击对印度海洋态势最大的影响是迫使印度政府彻底改造沿海地区现有的安全架构，并且在一定程度上扭转了印度的海洋战略发展方向。

为了确保印度沿海基础设施的安全并改善总体的执法状况，印度海洋机构采取一系列措施提升沿海的监控能力及应对危机的能力。一方面，印度当局进行了三层安全部署，由印度海军、海岸警卫队及沿海警察联合防卫印度海区。其中，印度海军负责"整体海洋安全"，其职能范围覆盖沿海和近海；印度海岸警卫队负责领海内的"沿海安全"，包括沿海警察巡逻的

① Abhijit Singh, "The Indian Navy's Security Role in Littoral Asia," in Namrata Goswami (eds.), *India's Approach to Asia: Strategy, Geopolitics and Responsibility*, New Delhi: Pentagon Press, 2016, p. 315.
② Gurpreet S. Khurana, "Indian Maritime Doctrine and Asian Security: Intentions and Capabilities," in Namrata Goswami (eds.), *India's Approach to Asia: Strategy, Geopolitics and Responsibility*, New Delhi: Pentagon Press, 2016, p. 286.
③ Aditi Chatterjee, "Six Years since Mumbai 26/11: A Review of India's Coastal Security Mechanism," in Vijay Sakhuja and Gurpreet S Khurana (eds.), *Maritime Perspective: 2014*, New Delhi: National Maritime Foundation, 2015, p. 142.

地区；沿海警察主要负责近海巡逻。[①]另一方面，印度大力实施第二阶段的"沿海安全计划"[②]（Coastal Security Scheme，CSS）。该阶段的财务支出达到222.59亿印度卢比，涉及印度13个沿海邦及联邦领地。[③]在"沿海安全计划"的框架下，印度建立了一系列监控设施，包括沿海岸线分布的雷达调试站、自动识别系统、大范围的识别追踪系统（该系统直接连入印度的国家指挥控制通信情报网，这一数据网使印度能够确保对漫长海岸线的无缝隙监控）以及联合操作中心。通过增强实际的海岸巡逻、运用各种值得重视的技术手段来增强监测能力，印度在沿海地区形成了多层次的安全布局。[④]

即便如此，有学者指出印度的沿海安全结构仍然具有持久脆弱性。这种脆弱性在宏观层面的表现是不同的海洋机构对近海安全的优先事项有着不同的理解。印度海军所固有的广阔视野使其倾向于将一些宏大的举措视为沿海安全架构的基石。通过一些宏大的项目规划，[⑤]印度海军认为印度沿海安全形势已经改善了一半；相比之下，印度国家海岸警卫队则更为谨慎。他们强调不能高估当前的发展趋势，并且认为无法通过一些高技术的手段来解决近海所面临的安全挑战；与此同时，沿海警察对海岸巡逻缺乏热情，这表明邦政

① Himadri Das, "Strengthening Coastal Security through Cooperative Federalism," in Vijay Sakhuja and Gurpreet S Khurana (eds.), *Maritime Perspective*: 2016, New Delhi: National Maritime Foundation, 2017, p. 64.

② 第一阶段的"沿海安全计划"于2005年发布；孟买恐袭事件之后，印度于2011年4月开始实施"沿海安全计划"的第二阶段。在"沿海安全计划"的两个阶段之内，印度建立了204个沿海警察局、97个检查站、58个前哨、30个营房、60个码头、10个运营中心，并采购了431艘船。详见Himadri Das, "Strengthening Coastal Security through Cooperative Federalism," in Vijay Sakhuja and Gurpreet S Khurana (eds.), *Maritime Perspective*: 2016, New Delhi: National Maritime Foundation, 2017, p. 63。

③ Himadri Das, "Strengthening Coastal Security through Cooperative Federalism," in Vijay Sakhuja and Gurpreet S Khurana (eds.), *Maritime Perspective*: 2016, New Delhi: National Maritime Foundation, 2017, p. 63.

④ Abhijit Singh, "India's Coastal Security Paradox," ORF Special Report (52), December 2017, p. 2; Abhijit Singh, "An Indian Maritime Strategy for an Era of Geopolitical Uncertainty," *Journal of Defence Studies*, Vol. 9, No. 4, October–December 2015, pp. 15–16.

⑤ 具体包括：在阿拉伯海和孟加拉湾举行联合演习、建立沿海雷达链、建立国家指挥控制通信情报网络（National Command and Control Communications Intelligence Network，简称N3CIN）、实施海域感知计划（Maritime Domain Awareness Plan）及建立信息管理分析中心（Information Management and Analysis Centre，简称IMAC）。

府对近海安全的冷漠态度。①这种观念差异对印度的沿海安全影响巨大。只有在各机构的优先事项及愿景达成一致的情况下，印度海军与国家海岸警卫队及沿海警察之间的协调行动才能取得应有的成效。

而在具体层面，沿岸水域存在着系统性的安全缺陷。这些缺陷具体包括：海岸巡逻严重不足（尤其是在夜晚）、沿海警察并不承担检查渔船的职责、人员严重短缺且沿海警察并未经过充分的海洋培训、基础设施建造拖沓、资金利用不足（仅使用了"沿海安全计划"基础设施建设资金的31.07%）。②印度沿海监控能力不足主要体现在应对恐怖威胁方面：印度的近海行动更倾向于重点关注恐怖主义分子渗透的威胁。尽管印度的电子监测能力已有了显著的提升，但这一能力无法承担有效排查恐怖分子的职能；情报搜集能够更有效地阻止恐怖主义分子的渗透，但是印度这方面的能力还存在明显不足。③

在沿海安全很可能继续主导印度未来的海洋安全议程的情况下，印度应该更加细致深入地研究海岸警卫队在海洋领土防卫中扮演的角色。印度海军将继续参与近海安全的维护，但是印度海军必须逐步放弃对海岸警卫队的控制权，并使其在协调管理近海水域方面发挥核心作用。同时印度应该强化沿海警察的能力，将其融入印度沿海安全架构之中。④印度学者强调海岸警卫队在沿海安全问题中的关键性角色，是因为他们认为印度海军在沿海安全问题中投入了过多的精力，这在很大程度上牵制了海军既有的发展目标。孟买恐怖主义袭击迫使印度海军转而关注海岸和近海安全。在部队规划方面，印度海军被迫修改其军事计划，其远洋平台与近海/警务船只之间的比率从先前的60：40（1.5）变为40：60（0.67）。这对印度海军的远洋行动构成了严重的

---

① Abhijit Singh, "India's Coastal Security Paradox," ORF Special Report (52), December 2017, p. 4.
② Himadri Das, "Strengthening Coastal Security through Cooperative Federalism," in Vijay Sakhuja and Gurpreet S Khurana (eds.), *Maritime Perspective: 2016*, New Delhi: National Maritime Foundation, 2017, p. 64.
③ Abhijit Singh, "India's Coastal Security Paradox," ORF Special Report (52), December 2017, p. 6.
④ Ibid., p. 10.

挑战，并限制了印度"蓝水海军"能力的发展。[1]而在战略目标方面，沿海防御成为印度海军和平时期任务的重要组成部分，这就使海军固有的战略使命退居次席。这会对印度海军有效利用海上力量实现战略目标的能力构成影响，使印度海军既不能投入实质性的军事力量，又不能将自身定位为更广泛的亚洲海洋安全动态中的关键角色。[2]

第三节 印度海洋战略中的"中国因素"

2018年2月，由于马尔代夫国内政治矛盾激化，马总统阿卜杜拉·亚明（Abdulla Yameen）宣布国家进入紧急状态。印度学者对亚明无视新德里方面的外交压力深感忧虑。一方面，他们认为这是印度在南亚沿海国家影响力日益下降的具体体现；另一方面，他们认为中国也深深卷入这一事件。[3]还有学者对这一事态进行了更为详细的解读，并进一步夸大中国对印度的威胁。他们认为中国暗中支持马总统在岛内清除异己，并警告印度不要干预马尔代夫内部事务。这表明马尔代夫已从商业伙伴转变为中国的地缘政治盟友，并成为中国在印度洋上最耀眼的一颗珍珠；而马尔代夫从印度的堡垒转变为中国的附庸，不仅印证了中国激进的印度洋政策，更是中印海洋动态关系扭曲的一种体现。为此印度需要更为大胆的决策，采取多种战略选择来应对中国的遏制政策。[4]毫无疑问，一些印度学者对这一事件进行了过度解读，并且过

---

[1] Gurpreet S. Khurana, "Indian Maritime Doctrine and Asian Security: Intentions and Capabilities," in Namrata Goswami (eds.), *India's Approach to Asia: Strategy, Geopolitics and Responsibility*, New Delhi: Pentagon Press, 2016, p. 283.

[2] Abhijit Singh, "An Indian Maritime Strategy for an Era of Geopolitical Uncertainty," *Journal of Defence Studies*, Vol. 9, No. 4, October–December 2015, p. 15.

[3] Abhijit Singh and Abhijnan Rej, "India's Shrinking Influence in Littoral-South Asia," Observer Research Foundation, 30 Apr, 2018, https://www.orfonline.org/research/indias-shrinking-influence-in-littoral-south-asia/.

[4] Tuneer Mukherjee, "China's Maritime Quest in the Indian Ocean: New Delhi's Options," Observer Research Foundation, 21 Apr, 2018, https://www.orfonline.org/research/china-maritime-quest-in-the-indian-ocean-new-delhi-options/.

分夸大了中国对印度的威胁。但是印度学者的这种心态也从侧面反映出了印度学界对中国在印度洋日益频繁的活动所表现出的关切和深深的焦虑。印度学者对中国的关注主要涉及以下几个方面：中国的海洋战略、中国海军现代化其在印度洋上的军事存在、对印度的影响以及印度的应对策略。

一、中国在印度洋进行战略拓展的动机

印度学者认为，中国海军在印度洋地区的战略拓展主要是出于以下几方面考虑：第一，经济因素。中国对经济目标的追求源于中国对增强自身综合国力的不懈追求（这对挑战美国、成为全球性的主导大国都至关重要）。然而中国的"地理劣势"对这一目标的实现构成了严重的挑战：首先，中国的大部分国土都远离经济活跃的海洋。其次，尽管中国的海岸线漫长，但是中国的海疆远离西亚非洲等能源及其他重要自然资源的主要产地。这意味着中国的海上能源运输线需要穿过极不安定的印度洋海上战略要冲；对中国的出口而言，印度洋地区的新兴市场也远离中国港口。这一"地理劣势"不仅会影响中国的经济发展，也能转化为中国的战略弱点。为了消解这一战略劣势，中国需要确保印度洋海上交通线的安全，进而保障中国的经济安全和能源安全。第二，地缘政治层面的考量。中国在印度洋地区的"地缘政治"目标与"经济目标"密切相关。因为经济能够带来地缘政治上的影响力和优势地位。作为后发国家的中国追求这一影响力来满足核心国家目标，进而推动全球地缘政治和经济秩序朝着有利于己的方向转化。此外，中国在国力显著提升的同时也面临日益增长的脆弱性。为此，中国需要增强自身力量以寻找更为广阔的空间并在全球各个热点地区显示自己的存在，以此影响事态朝着有利于自身国家利益的方向发展。[①]第三，消解美国的战略压力。近年来，美国的"亚太再平衡"战略进一步加剧了中国的地缘政治困境。在中国看来，美国的这一遏制战略主要分为经济、外交及战略三个层面。为此，中国也要

---

① Kamlesh Kumar Agnihotri, "Modernisation of the Chinese Navy, its Strategic Expansion into the Indian Ocean Region and Likely Impact on the Regional Stability," *Maritime Affairs*, Vol. 7, No. 1, Summer 2011, p. 54; Gurpreet S. Khurana, "China as an Indian Ocean Power: Trends and Implications," *Maritime Affairs*, Vol. 12, No. 1, Summer 2016, pp. 13-14.

采取相应的应对措施：与印度洋地区的国家建立经济联系以抗衡美国的经济遏制；加强与印度洋地区关键国家的接触以弥补在东亚地区影响力方面的"损失"（美国通过支持中国在西太平洋海上领土争端中的对手来排挤中国的地区影响力）；中国通过增加在印度洋上的海军活动来形成一种"战略干扰"，以此应对美国把中国军力限制在西太平洋第一岛链内的企图。①

此外，中国海军现代化也为中国在印度洋地区进行战略拓展提供了强有力的保障。与中国经济迅速发展相伴生的是中国国防开支的急剧增长。最近十多年来，中国的国防预算增长率一直保持在两位数（2010年除外，该年国防预算比上一年增长了7.5%）。2011年中国官方公布的国防预算为915亿美元，比上一年增长了12.7%，其中海军分配到的资金占国防总支出的24%。中国海军现代化的目标是增强其战略拓展能力及海上防卫能力，为此需实现海军硬件及基础设施的现代化、更新作战理论、战术及作战流程并建设与之相匹配的人才队伍。而中国庞大的国防预算正好强有力地支撑了海军的上述需求。②随着海军现代化进程跳跃式的推进，中国可以通过与缅甸、孟加拉国、斯里兰卡、巴基斯坦、马尔代夫、塞舌尔及其他非洲东海岸国家开展紧密的合作来增加其在印度洋地区的海军存在。③

二、中国在印度洋上的战略拓展及其对印度的影响

很多印度学者都将中国视为印度国家安全的主要挑战。他们认为，中国是一个能够直接挤压印度地缘政治空间的大国。随着经济和军事能力的增强，中国和印度之间的权力差距可能进一步扩大。在可预见的未来，中国将对印度的外交政策和安全构成挑战。④而中国的压力不仅仅来自北方陆地边界，现在这种压力已经越来越多的表现在海洋层面，这使得印度学者极为关

---

① Gurpreet S. Khurana, "China as an Indian Ocean Power: Trends and Implications," *Maritime Affairs*, Vol. 12, No. 1, Summer 2016, pp. 13−14.
② Kamlesh Kumar Agnihotri, "Modernisation of the Chinese Navy, its Strategic Expansion into the Indian Ocean Region and Likely Impact on the Regional Stability," *Maritime Affairs*, Vol. 7, No. 1, Summer 2011, p. 51.
③ Ibid., p. 49.
④ Sunil Khilnani and Rajiv Kumar, *Nonalignment 2.0: A Foreign and Strategic Policy for India in the Twenty First Century*, Centre for Policy Research, 2012, p. 13.

注中国在印度洋的战略目标。

印度学者认为，中国的国家战略是通过（在缅甸和巴基斯坦的）陆上油气管道项目及孟中印缅经济走廊来改变地理要素，寻求中国西部地区进入北印度洋的出海口；通过"21世纪海上丝绸之路"倡议及在印度洋海底采矿的倡议来巩固中国在印度洋地区的利益、加强户国与印度洋地区国家的联系，进而增进中国在该地区的影响力；通过向印度洋地区国家出口国防硬件设施来加强与地区国家的安全联系并获取军事-战略红利；通过在印度洋地区推动安全多边主义（寻求加入印度洋地区联盟及印度洋海军论坛）来提升自身影响力，塑造有利于己的政策。[1]而具体到海洋层面，中国在印度洋主要有以下战略目标：威慑能够对中国战略运输通道造成威胁的国家；打击非国家行为体的威胁以维护中国在印度洋地区的能源投资；抵消印度洋地区主要经济竞争者的影响力；获得对敌地缘战略"杠杆"；在战争期间实现其军事目标；增强对印核威慑及核打击能力。[2]为实现上述战略目标，中国海军强调要建设和平-战时的转换能力，即在增强"非战争军事行动"（MOOTW）能力的同时做好"战时"行动的准备工作；通过海洋控制和力量投射来维护中国的"海外利益"；[3]采用将印度洋地区和平时期的"访问设施"与"海基"[4]概念相结合的方式来补给前沿部署的海军。与此同时，中国未来很有可能在印度洋地区建立印度洋舰队。[5]

毫无疑问，印度学者认为中国在印度洋地区的战略拓展会对地区安全形

---

[1] Gurpreet S. Khurana, "China as an Indian Ocean Power: Trends and Implications," *Maritime Affairs*, Vol. 12, No. 1, Summer 2016, pp. 14−16.

[2] Gurpreet S. Khurana, "China's 'String of Pearls' in the Indian Ocean and its Security Implications," *Strategic Analysis*, Vol. 32, No. 1, January 2008, p. 16.

[3] 库拉纳也指出，实施海洋控制及力量投射是中国在印度洋的长期海军战略。考虑到中国的航母特遣舰队还未成型，未来至少10年内解放军海军要在马六甲海峡以西建立起以航母为基础的海洋控制的可能性不大；而在此之前，中国海军很有可能要在印度洋水域部署核攻击潜艇以实施其"惩戒威慑"战略。详见 Gurpreet S. Khurana, "China as an Indian Ocean Power: Trends and Implications," *Maritime Affairs*, Vol. 12, No. 1, Summer 2016, p. 18。

[4] 中国在印度洋地区的"访问设施"并非潜在的"军事基地"，而是在和平时期为中国海军分队补给燃料、食品和饮水的设施；而"海基"则指海军不依赖陆基后勤及指挥基础设施就有能力采取远征性质的海外军事行动。

[5] Gurpreet S. Khurana, "China as an Indian Ocean Power: Trends and Implications," *Maritime Affairs*, Vol. 12, No. 1, Summer 2016, pp. 17−19.

势及印度自身安全产生重大的影响，而其中最让印度学者感到焦虑的是中国海军在印度洋日益频繁的活动。总体而言，印度的多数学者对中国海军在印度洋的战略存在持悲观态度，但其中也不乏乐观派。乐观派认为尽管中国海军在印度洋的军事活动日益增加，但是印度并非要立刻敲响警钟，因为中国海军在远洋作战方面还存在能力不足的问题。尽管中国海军正在优化其水面作战的能力（大力开发先进的反舰巡航导弹），但是中国海军并不精通水面作战，并且防空战、反潜战以及在有争议的环境中进行力量投射仍是中国海军的劣势。①此外，中国海军在印度洋地区的战略存在可能导致"双赢"结果。中国海军能够有效补充印度洋地区国家的集体海军力量，以便执行警察任务，确保海上安全及航海自由。同时，中国海军能够对印度洋地区国家甚至域外大国的海军形成有效补充，通过采取稳定行动来共同应对地区危机。并且这种日益增强的多国互动很可能进一步推动地区整合，进而在很大程度上改变该地区的地缘政治态势。②

而悲观学者认为中国海军在印度洋的战略存在会对印度产生不利的影响。首先，中国在印度洋日益增加的军事存在可能会导致地区均势的根本性转变。尽管这一均势仍然有利于美国及其盟国，但这种转变很可能对地区稳定造成冲击。虽然中国目前显示出了促进印度洋地区安全稳定的意愿和能力。但是作为一个非现状大国，中国总体的国家战略目标与印度洋地区的其他主要大国的战略目标还是有很大不同。这种分歧可能使双方采取仓促的军事干预行动来应对地区危机，进而加剧地区局势的动荡。③

其次，中国在印度的地缘战略边疆内拓展势力范围严重恶化了印度的周边安全环境。一方面，中国的这一行为很可能诱使地区国家（如巴基斯坦）利用中国的影响力平衡印度，进而推行更加激进的反印政策。这将缩小印度的外交政策选项，并对印度与邻国的关系产生不利影响。另一方面，印度一

---

① Himanil Raina, "China's Military Strategy White Paper 2014: Far Seas Operations and the Indian Ocean Region," in Vijay Sakhuja and Gurpreet S Khurana (eds.), *Maritime Perspective: 2015*, New Delhi: National Maritime Foundation, 2016, p. 44.
② Gurpreet S. Khurana, "China's Maritime-strategic Presence in IOR: Geopolitical, Geoeconomic and Security Import," *Maritime Affairs*, Vol. 10, No. 2, Winter 2014.
③ Gurpreet S. Khurana, "China as an Indian Ocean Power: Trends and Implications," *Maritime Affairs*, Vol. 12, No. 1, Summer 2016, pp. 20-21.

些分析人士担心中国会将其印度洋上的民用基础设施转化为监测站及保护军事设施的港口。[①]更让印度学者感到不安的是，他们认为中国很有可能在印度洋建立军事基地。譬如有学者指出，由于马尔代夫被视为印度安全空间的自然延伸，中国在该岛修建后勤基地会成为印度战略学者最糟糕的噩梦，因为这可以使中国监控连接印度东西海岸的战略走廊。[②]

再次，中国在印度洋地区的军事活动直接威胁到印度的国家安全。在西太平洋发生战争的情况下，如果印度向中国的对手提供军事支持（抑或北京不信任新德里的"中立"），中国海军潜艇可能会被部署到印度港口外来保护中国的战略进口通道并对敌国进行威慑（中国将其称为"惩罚战略"）。而且即便印度明确其"中立"立场，任何企图切断中国战略补给线的行为都会给印度造成不利影响，因为印度船只在经过海上战略要冲（马六甲海峡和霍尔木兹海峡）时遭到误伤的可能性极大。此外，中国一旦能够在印度洋上部署094型弹道导弹潜艇就会对印度构成全方位的、无法估算的核威胁，这将使印度的安全估算变得极其复杂。如果北京决定实施先发制人的打击，这些潜艇发射的对地巡航导弹很可能摧毁印度的核控制指挥所，从而使印度丧失第二次打击能力。[③]

三、印度的应对之道

印度学者认为，在经济稳步发展、综合国力显著提升的情况下，中国正朝着世界大国的目标迈进。与此同时，中国对印度施加的海洋压力也越来越大。中国不仅从东部（马六甲海峡）进入印度洋，还从北部进入印度洋。中国采取一种"麦金德-马汉"相结合的方法，通过迫使印度不断关注其陆上边

---

① Abhijit Singh, "An Indian Maritime Strategy for an Era of Geopolitical Uncertainty," *Journal of Defence Studies*, Vol. 9, No. 4, October–December 2015, pp. 9—10; Gurpreet S. Khurana, "China as an Indian Ocean Power: Trends and Implications," *Maritime Affairs*, Vol. 12, No. 1, Summer 2016, p. 21.
② Tuneer Mukherjee, "China's Maritime Quest in the Indian Ocean: New Delhi's options," Observer Research Foundation, 21 Apr, 2018, https://www.orfonline.org/research/china-maritime-quest-in-the-indian-ocean-new-delhi-options/.
③ Gurpreet S. Khurana, "China's 'String of Pearls' in the Indian Ocean and its Security Implications," *Strategic Analysis*, Vol. 32, No. 1, January 2008, pp. 18–20.

界问题来消解印度海洋战略的有效性。①为此，印度应该采取以下措施应对中国的挑战。

在国家战略层面，印度应该采取一种"接触"与"威慑"相结合的双轨战略。一方面，印度应该尊重中国的合理关切，并采取可行的措施来缓解中国的忧虑（譬如增强中印之间的经济相互依赖、通过合作增强海峡沿岸国家的管辖能力以缓解中国的"马六甲困局"、在符合本地区利益的情况下将中国融入印度洋地区的安全架构之中）。另一方面，印度需要发展其地缘政治影响力及战略威慑力来应对日益显现的威胁。为此，印度应充分利用其自身优势，包括有利的地理位置及海军力量。在地缘政治层面，印度应该增强与印度洋沿岸国家的全方位联系并大力发展与西太平洋沿岸国家的政治外交关系，以此在战略层面威慑中国。同时，印度应该与一些战略利益趋同的大国构建合作型安全关系以威慑任何潜在的敌对大国（这种威慑并不仅是针对中国），并通过与主要大国进行联合海军演习来增强印度的战略威慑能力、展示与伙伴国的团结图景。②

印度应该通过增强自身在印度洋上的海军力量来抵消中国在北方陆地边界的优势。印度学者指出，中印在边界问题上长期存在着分歧。考虑到中国军队在陆地边界上的优势以及中印边界问题在短期内解决的可能性不大，印度的战略应该是在北方守住中印陆上边界线；同时在南方尽力维持并扩大印度在印度洋上的优势。③当面临中国大规模进攻时，印军不应该大规模出击，而是应该利用"非对称战略"使中国撤退，而海军④则是印度非对称战略

① Sarabjeet Singh Parmar, "Maritime Security in the Indian Ocean: An Indian Perspective," *Journal of Defence Studies*, Vol. 8, No. 1, January - March 2014, pp. 47-48.
② Gurpreet S. Khurana, "Indian Maritime Doctrine and Asian Security: Intentions and Capabilities," in Namrata Goswami (eds.), *India's Approach to Asia: Strategy, Geopolitics and Responsibility*, New Delhi: Pentagon Press, 2016, p. 277; Gurpreet S. Khurana, "China's 'String of Pearls' in the Indian Ocean and its Security Implications," *Strategic Analysis*, Vol. 32, No. 1, January 2008, pp. 20-21.
③ Sunil Khilnani and Rajiv Kumar, *Nonallgnment 2. 0: A Foreign and Strategic Policy for India in the Twenty First Century*, Centre for Policy Research, 2012, p. 13.
④ 印度的非对称战略的另两大组成部分是：第一，印度必须在被中国军队占领的地区发动有效的叛乱；第二，印度应该通过改善陆地通信设施来加快边境地区及人员整合。

的重要组成部分。[①]有学者进一步分析了海军在非对称战略中的作用：尽管中国在陆地边界享有决定性的军事优势，但是在印度洋上具有控海能力的印度海军能够将战争在海上"横向升级"。由于中国高度依赖海上运输线的能源，印度能够利用中国的这种战略脆弱性（至少可以象征性的使中国"丧失颜面"）阻滞中国在陆上的攻势。[②]

还有学者指出，印度应该采取更加大胆的举措来应对中国的战略包围。在努力发展自己的战略缓冲区的同时，印度应该改变原有的"战略自主"政策。印度必须承认与域外海洋大国结成伙伴关系的战略红利。由于中国逐渐包围印度，战略上孤立的印度不可能拥有平衡中国的财政和军事力量；虽然冷战时代的不结盟政策在短期看来仍充满活力，但是长期来看印度在印度洋上的机动航线很可能受到中国的威胁。为此，印度必须摆脱之前的战略来确保自己海上交通线的安全。而在具体的层面，印度应该落实与美国、法国达成的后勤协议，升级与美国、法国的海军关系，并向澳大利亚提供互惠的停泊权。与此同时，印度应该将海上支点与其陆上海军指挥部和岛屿作战基地连接起来，从而扩大印度海军的作战范围，提高印度海军的印度洋海上拒止能力。[③]

① Sunil Khilnani and Rajiv Kumar, Nonallgnment 2.0: A Foreign and Strategic Policy for India in the Twenty First Century, Centre for Policy Research, 2012, pp. 40-42.
② Gurpreet S. Khurana, "India's Maritime Strategy: Context and Subtext," *Maritime Affairs*, Vol. 13, No. 1, April 2017, p. 22.
③ Tuneer Mukherjee, "China's Maritime Quest in the Indian Ocean: New Delhi's Options," Observer Research Foundation, 21 Apr, 2018, https://www.orfonline.org/research/china-maritime-quest-in-the-indian-ocean-new-delhi-options/.

小　结

　　海洋战略是国家安全战略的重要组成部分。对战略问题而言，最重要的是关注目标和手段之间的平衡。这也就意味着战略决策者不仅需要考虑如何赢得最后的胜利，还需要考虑赢得胜利需要付出的代价。通过上文的分析，我们会发现尽管印度学者全面细致地考察了印度海洋战略的各个方面，但是学者们对目标与手段之间关系的审视却谈不上明智。印度学者这种战略层面的"短视"在沿海安全问题上表现得极为明显。尽管学者们意识到海岸安全及国内安全对印度国家安全极为重要，但是多数学者认为沿海安全不值得印度海军投入过多的资源和精力：对近海问题关注过多就意味着印度海军不可能有足够的精力关注远海问题。这一问题既涉及印度海军的优先战略目标问题，又涉及有限的战略资源分配问题。笔者认为，在资源有限的条件下，印度海军还是应该遵循"由近及远"的发展思路。在近海安全问题得不到有效解决的情况下，印度海军在远海进行"力量投射"及"战略威慑"的能力势必会大打折扣。

　　印度学者研究印度海洋战略的另一大不足之处是思维僵化。印度学者的这一缺陷在其研究中国问题时表现得尤为明显。在研究海洋战略时，"中国是印度国家安全的首要挑战"几乎成为无须论证的先验性假定，印度学者的许多论述都是以此为前提展开的。平心而论，中国海军在印度洋地区活动是诸多因素相互作用的结果，并且确实也有防范印度的战略考量。但是印度若是以此认为中国在印度洋地区处处包围甚至遏制印度，就有些夸大其词了。稍加分析我们就会发现，目前中国的战略重心仍在亚太平洋地区。中国在该地区面临来自美国及其盟友的巨大战略压力，在这一压力未能得到有效缓解的情况下，中国不可能转到印度洋地区去遏制包围印度。因此，对中国在印度洋地区的战略意图进行过度的解读会极大地削弱印度学者研究成果的客观性。

尽管如此，印度学者的研究对我们更加深入、全面的认识印度海洋战略还是大有裨益。随着中国海洋利益与海洋视野的日益拓展，中国海军进入印度洋势在必行。了解印度洋的海洋大国印度的海洋安全关切、战略发展方向及印度学者的核心关切，不仅可以深入了解印度洋地区的安全态势，更能为中国海军在该地区展开进一步行动提供智力支持。

启示与结论

　　通过梳理印度智库发展脉络，分析智库发展现状与缺陷，探究智库对政府外交和安全决策的影响方式与途径及评估智库的影响限度，本书发现印度智库对外交和安全事务活动的参与积极性不断提高，但两大因素制约了智库的影响效能。一是印度智库的制度化参与程度和印度政府对智库的友好程度并不高。印度政府尚未建立颇具系统性的智库政策建言机制，智库的政策建议往往需要倚仗非制度化方式进行疏通。正规、持续、稳定的沟通、影响渠道缺失，造成信息资源的不对称和智库政策敏感性不足。二是受资金、人才、信息资源获取情况制约，印度智库研究质量参差不齐。资金匮乏导致人才短缺，加之研究资料获取不足造成研究质量低劣。研究质量可信度不高又将进一步削弱智库对资金的吸引力，与此同时，强化与资助者的关系纽带，进而削弱智库的独立性。不利影响因素环环相扣，形成智库生存的恶性循环链条。因此，对于印度大多数智库来说，在对权利内层影响不足的情况下，往往将着眼点侧重于对权力外层的影响，通过舆论造势塑造公众意识和吸引援助资金。

　　莫迪执政后，印度在外交和安全决策上表现出强大的集权意识，智库也活跃于外交政治舞台，形成看似矛盾的外交行为方式。通过对当前印度智库的发展现状的探究，本研究发现近年来智库的"旋转门"现象显著，外交部门开始引进外部智库专家，便利外界接近政府信息和决策阶层；团家族智库

（包括印度人民党隶属智库）与政府之间的权力关系变得模糊，团家族通过智库影响政府政策的现象显著；具有团家族和财团背景的智库实力雄厚、发展势头强劲，智库的不均衡发展趋势明显；政府通过资助资金和项目审核把控智库活动空间，督促智库开展"正统性"研究。与此同时，部分智库与政府的密切往来关系加重了智库观念的统一性和智库活动的不透明性。因此，看似矛盾的外交行为方式实质并不存在冲突，在政策研究领域和外事交往领域看似活跃的智库实际上仍为印度政府牢牢掌控。除却与政府保持密切联系的官方及半官方智库、企业隶属智库和部分团家族智库（尤其是印度人民党隶属智库）外，多数智库仍旧无法触碰政策决策阶层，政府更多的是想通过发挥智库的公共外交职能，扩大政府的国际影响力。

通过对印度智库对政府外交决策的影响和智库最新发展形势的分析，使笔者认识到，一方面，与印度智库开展"二轨外交"和侧面影响印度智库的必要性；另一方面，对比印度智库发展状况，反观我国智库建设中存在的不足，也为完善智库建设、发挥智库公共外交职能提供有力的参考。

一、增进两国智库学术交流，侧面影响印度智库观点

自2014年莫迪上台执政后，智库在协助莫迪竞选总理和在政府政策上出谋划策的作用表明，未来团家族智库（尤其是印度人民党隶属智库）将会与印度执政党之间的关系越来越紧密。背倚喜马拉雅山而居的中印两国人民，对彼此的印象是模糊的。在"中印边界问题""西藏问题"上，长期以来印度精英阶层的不实言论混淆了事件真相，印度民众心中根深蒂固的中国负面形象，需要借重智库专业研究还原历史事实、重塑中国印象，为中印友好往来创造良好的社会环境。

基于以上考量，我国应当鼓励印度智库从事客观的和面向未来的研究。通过与印度知名智库就中国问题开展项目合作、与印度著名中国研究学者联合开展中国问题研究和邀请印度的"中国通"在中国的大学、智库进行学术交流和项目合作。这样既可以澄清历史真相，也有助于激发国内学者的印度研究热情，并与印度智库建立良好的人际关系网和长期合作交流机制。

二、推动"智库外交"活动，加强两国民间关系认知

印度政府重视"智库外交"活动。近年来，由印度外交部支持的印度智库与国际智库的"二轨外交"、智库与外国政府的"一点五轨外交"和区域合作组织智库理事会的活动不断增多。政府在开展访问的同时，往往会举办由智库研究人员或是政府官员参与的平行交流会议。另外，印度智库也重视与外国政府、智库的项目合作。尤其是具有财团背景的智库，在推动商贸往来中发挥着智力支持的作用。譬如，2017年6月9日，中国驻加尔各答总领事馆和印度观察家研究基金会加尔各答分会合作发布《印度东部五邦投资环境比较报告》（*Sustainable Investment Possibilities : A Comparison of Five Indian States*）。这就说明"智库外交"在国际问题处理上的灵活性。虽然印度政府对中国的"一带一路"倡议持低合作态度，但是印度公共社会对这一问题的看法并非没有可以商量的余地与合作的空间。

借助智库这一舞台，中国学者既可以及时了解印度当前的政策动向和公众态度，又可以传播中国声音，加深印度智库对中国的了解，引导精英舆论。因此，为促进两国精英、领导阶层的了解，客观看待中印关系及相关问题，一方面，需要政府官员和专家学者在印度智库中做报告、演讲，就中国外交和中印关系等问题与印度智库学者讨论；另一方面，便利印度智库和智库专家访华活动，开展涉华问题的课题和项目合作。在这一方面，中国的智库尤其是民间智库可以充当主力，通过与印度智库建立相对稳定的交流渠道，开拓中国智库国际研究视野，实现智库间的"二轨外交"、促进两国民间人文交流与民心相通。

三、完善中国智库建设，实现对内对外有效沟通

2013年，中国共产党第十八届三中全会通过的《中共中央关于全面深化改革若干重大问题的决定》中，首次提出"加强中国特色新型智库建设，建立健全决策咨询制度"。[①]面对纷繁复杂、变动不居的国内外形势，中央领导层高度重视智库建设，在政策决策上需要依赖智库的智力支持和管用的

---

① 习近平为何特别强调"新型智库建设"，人民网，2014年10月29日，http://theory. people.com. cn/n/2014/1029/c148980-25928251.html，2018年4月1日。

政策建议。

据《2018年全球智库报告》统计，中国的智库数量位列世界第三，中国社会科学院、上海国际问题研究院、中国现代国际关系研究院等研究机构多在全球智库排名上占据较好的名次。不过，我们也应理性认识到当前国内智库发展中仍存在着有待改进的问题。一是智库定位不明确。在法律和相关制度上对智库的定位模糊，致使智库在政策决策中缺乏明确的定位。二是智库建设缺乏统筹规划，管理体制属地化、部门化，相互交流、合作与竞争的程度十分有限，不可避免地造成各类智库机构小而多，整体实力不强。三是管理体制和运行机制与智库发展需要不相适应。一些智库机构"官本位"现象严重，体制内智库的人才引进、激励机制以行政职务为导向，高素质智库从业人员不便于引进。[1]在智库资金方面，因缺乏完整的社会捐款制度体系和法律配套措施，智库多依赖于政府拨款，智库研究缺乏独立性。四是体制外智库难以参与到外交决策机制。我国外交决策机制相对封闭，智库尤其是民间智库，缺乏与政府间信息、人员展开交流的机制。只有上述问题得到有效解决，才能真正实现中国智库的健康发展，从而激发智库在政策研究、决策咨询、政策解读和评估方面的积极性和政策研究的专业性，提高决策的民主性、科学性及对外交往活动的有效性。

四、发挥智库公共外交职能，维护中国对外良好形象

智库专家非官方的身份背景以及在研究领域的专业性与学术权威性，有利于减少公众的抵触情绪，提高传播信息的可信度，在推动舆论发展、公共外交方面能达到很好的宣传效果。

印度智库虽然规模小，但是运作机制灵活，其英语优势有助于智库的国际化发展和扩大智库的影响范围。[2]加之新媒体技术的运用，给智库发挥公共外交职能创造了更大的影响空间。譬如印度国防研究分析所的苏布拉马尼亚姆、前政策研究中心主席梅塔、布鲁金斯学会印度中心主任莫汗（C. Raja

[1] 李国强：《对"加强中国特色新型智库建设"的认识和探索》，载《中国行政管理》，2014年第5期。

[2] 蔡春林：《金砖国家智库发展及其启示》，智库研究中心，2017年4月15日，http://www. pjzgzk.org.cn/c/1527.htm，2018年4月1日。

Mohan）等印度智库学者，在中国具有较高的知名度，他们的访谈内容、研究报告、著作易受到国内外人士关注。

2015年1月中共中央办公厅与国务院办公厅发布的《关于加强中国特色新型智库建设的意见》中，强调了外交政策智库在提供对外政策建议、提升中国国际影响力与话语权上的重要性。[①]鉴于印度智库对印度外交事务的参与度不断提高，需要我们着力推动中国智库建设，发挥智库在塑造中国"软实力"和开展"二轨外交"上的作用。发挥智库公共外交职能，是建立与国际社会机构之间的联系、搭建国内与国际观点沟通桥梁的必要前提。近年来，中国智库开始深入参与"一带一路"倡议相关项目计划，为具体项目提供建议和风险评估，与国际智库开展战略性合作，向海外听众讲好中国发展模式。在对外宣传工作中，我国也开始借助智库的身份和力量，塑造积极的中国形象，向世界展示中国观点。这对于我国的全球化发展是有必要的。为进一步发挥智库公共外交职能，外宣主管部门应重视与智库间的合作交流关系，给予智库交流、调研活动的资金支持，鼓励更多的中国智库走出去。

---

① 中华人民共和国中央人民政府："中共中央办公厅、国务院办公厅印发《关于加强中国特色新型智库建设的意见》"，2015年1月20日，http://www.gov.cn/xinwen/2015-01/20/content_2807126.htm，2018年4月1日。

参考文献

中文部分

一、专著

[1] 陈金英：《社会结构与政党制度：印度独大型政党制度的演变》，上海：世纪出版集团，2010年。

[2][德] 克劳塞维茨：《战争论》，中国人民解放军军事科学院译，北京：商务印书馆，1997年。

[3][法] 安德烈·博福尔：《战略绪论》，钮先钟译，海拉尔：内蒙古文化出版社，1997年。

[4] 林承节：《印度近二十年的发展历程：从拉吉夫·甘地执政到曼莫汉.辛格政府的建立》，北京：北京大学出版社，2012年。

[5] 刘嘉伟主编：《印度社会政治发展与印度国民志愿服务团》，成都：四川美术出版社，2018年。

[6] 楼春豪：《印度财团的政治影响力研究》，北京：时事出版社，2016年。

[7] 马缨：《当代印度外交》，上海：上海世纪出版集团，2007年。

[8] 钮先钟：《战略研究》，桂林：广西师范大学出版社，2003年8月。

[9] 倪世雄，卢义民主编：《当代西方战略理论》，成都：四川人民出版社，1989年3月。

[10] 四川大学南亚研究所课题组：《南亚智库研究》（第一辑），北京：时事出版社，2018年。

[11][美]托马斯·R·戴伊：《理解公共政策》，北京：中国人民大学出版社，2010年。

[12][美] 斯蒂芬·科亨：《大象和孔雀：解读印度大战略》，刘满贵等译，北京：新华出版社，2002年。

[13] 宋海啸：《印度对外政策决策：过程与模式》，北京：世界知识出版社，2011年。

[14][加] 唐纳德·E.埃布尔森：《国会的理论：智库和美国的外交政策》，

李刚、黄松菲、丁炫凯、马逸凡等译，南京：南京大学出版社，2017 年。

[15] 吴春秋:《广义大战略》，北京：时事出版社，1995 年。

[16] 吴永年、赵干城、马缨:《21 世纪印度外交新论》，上海：上海译文出版社，2004 年。

[17][英]利德尔·哈特:《战略论》，中国人民解放军军事科学院译，北京：战士出版社，1981 年。

[18] 张海文、彼德·达顿、陆伯彬、奥伊斯腾·通午主编:《21 世纪海洋大国：海上合作与冲突管理》，北京：社会科学文献出版社，2014 年。

[19] 张历历:《外交政策》，北京：世界知识出版社，2007 年。

[20] 张骥主编:《世界主要国家国家安全委员会》，北京：时事出版社，2014 年。

[21] 朱昌利主编:《当代印度》，昆明：云南大学出版社，2016 年。

二、论文

[1] 毕云红:"外交决策及其影响因素"，载《世界经济与政治》，2002 年第 1 期。

[2] 常青:"印度科研机构的管理制度"，载《全球科技经济瞭望》，2006 年第 7 期。

[3][德]帕瑞克·克勒纳:"智库概念界定和评价排名：亟待探求的命题"，韩万渠译，载《中国行政管理》，2014 年第 5 期。

[4] 管辉:"印度智库建设对我国高校智库的启示"，载《中国高校科技》，2016 年第 11 期。

[5][荷]保罗.哈特、[澳]阿里阿德涅.弗罗门:"智库处在公共政策的新时代吗？——国际趋势和澳洲现实"，肖君拥译，载《国外社会科学》，2014 年第 3 期。

[6] 何宇飞:"中印两国非营利部门的比较：一个初步的探索"，载《华东理工大学学报（社会科学版）》，2016 年第 3 期。

[7] 贾西津:"印度非营利组织及其法律制度环境考察报告"，载《学会》，2007 年第 4 期。

[8] 江亦丽:"橘黄旗下的联盟——印度教教派组织国民志愿服务团

（RSS）剖析"，载《南亚研究》，1994 年第 2 期。

[9] 楼春豪："印度军方第一战略智库——在印度国防研究与分析所访学见闻"，载《解放军报》，2012 年 3 月 12 日，第 9 版。

[10] 李国强："对'加强中国特色新型智库建设'的认识和探索"，载《中国行政管理》，2014 年第 5 期。

[11] 李国强："印度智库如何影响政府决策"，载《现代人才》，2014 年第 1 期。

[12] 刘思伟："印度外交政策制定：以印美民用核合作协议谈判为例"，载《东南亚南亚研究》，2010 年第 2 期。

[13] 蓝煜昕、张潮："从印度《外国捐赠管理法》看涉外非政府组织管理"，载《人民论坛》，2013 年第 29 期。

[14] 马加力："印度对华政策的一个重要智库"，载《学习时报》，2013 年 10 月 7 日，第 6 版。

[15] 毛晓晓："印度智库：学术自由与独立立场"，载《瞭望》，2010 年第 43 期。

[16] 宋海啸："印度对外政策决策模式研究"，载《南亚研究》，2011 年第 2 期。

[17] 唐璐："解密印度外交决策机制：到底谁在左右其对华政策"，载《环球》，2009 年 8 月 1 日。

[18] 唐璐："有形无形间的印度国家安全委员会"，载《秘书工作》，2014 年第 8 期。

[19] 王立、袁芳、封颖："高水平智库：印度能源与资源研究所"，载《中国科技资源导刊》，2016 年第 5 期。

[20] 王世强："印度非营利组织：法律框架、登记管理和税收体制"，载《中国社会组织》，2012 年第 9 期。

[21] 薛澜、朱旭峰："中国思想库：涵义、分类与研究展望"，载《科学学研究》，2006 年第 3 期。

[22][英] 戴安娜·斯通："政策分析机构的三大神话——回收箱、垃圾箱还是智库？"，唐磊译，载《国外社会科学》，2014 年第 3 期。

[23][英] 哈特维希·波伊茨："重审智库现象"，王演兵译，载《国外社

会科学》，2014 年第 3 期。

[24] 曾祥裕、张春燕："印度人民党与印度国民志愿服务团：协调、分歧与未来走向"，载《南亚研究季刊》，2017 年第 4 期。

[25] 张贵洪、冯涛："印度主要思想库的初步考察"，载《南亚研究季刊》，2006 年第 4 期。

[26] 周汇慧："'大国外交机制：比较与创新'学术研讨会综述"，载《国际关系研究》，2017 年第 6 期。

[27] 章节根："论印度的核原则"，载《南亚研究季刊》，2008 年第 1 期。

[28] 郑讴："印度观察家研究基金会：评估他国政策促成新研究"，载《中国社会科学报》，2013 年 12 月 20 日，第 A03 版。

[29] 赵青海："'印太'概念及其对中国的含义"，载《现代国际关系》，2013 年第 7 期。

[30]周旭："印度科研项目管理办法"，载《全球科技经济》，2005 年第 5 期。

三、学位论文

[1] 刘蕴锋：《印度思想库及其对华政策主张研究》，硕士学位论文，复旦大学，2009 年。

[2] 张君瑶：《地缘政治视角下印度智库与媒体的互动关系》，硕士学位论文，暨南大学，2015 年。

[3] 章节根：《印度的核战略》，博士学位论文，复旦大学，2007 年。

外文部分

一、专著

[1]Andrew Rich, *Think tanks, public policy, and the politics of expertise*, Cambridge, UK: Cambridge University Press, 2004.

[2]Daya Sagar, *The Real Face of Article 370 of Constitution of India*, Jammu Kashmir Study Centre, July 2014.

[3]David M. Malone, C. Raja Mohan and Srinath Raghavan(eds.), The *Oxford Handbook of Indian Foreign Policy*, Oxford: Oxford University Press,

July 2015.

[4]Donald E. Abelson, *American Think-Tanks and Their Role in US Foreign Policy*, New York: St. Martin's Press, 1996.

[5]Donald E. Abelson, Xin Hua and Stephen Brooks(eds.), *Think Tanks, Foreign Policy and Geo-Politics: Pathways to Influence*, Routledge, 2016.

[6]Dr Syama Prasad Mookerjee Research Foundation, *One Country One Constitution*, September 2019.

[7]George K. Tanham, *Indian Strategic thought: An Interpretive Essay*, Published by Rand, 1992.

[8]James G. McGann (eds.), *Think Tanks, Foreign Policy and the Emerging Powers*, Cham: Palgrave Macmillan, July 10, 2018.

[9]James G. McGann, 2015 Global Go To Think Tank Index Report, Philadelphia PA USA: University of Pennsylvania, 2016.

[10]James G. McGann, 2018 Global Go To Think Tank Index Report, Philadelphia PA USA: University of Pennsylvania, 2019.

[11]James G. McGann, R Kent Weaver (eds.), *Think Tanks and Civil Societies: Catalysts for Ideas and Actions*, New Brunswick and London: Transaction Publishers, 2005.

[12]Jammu Kashmir Study Centre, *Article-370'a discussion*, August 2014.

[13]Jasjit Singh(ed.), *Nuclear India*, IDSA and Knowledge World, 1998.

[14]John W. McDonald and Diane B. Bendahmane(eds.), *Conflict Resolution: Track Two Diplomacy*, Foreign Service Institute, US Dept. of State,1987.

[15]Krishnappa Venkatshamy and Princy George(eds.), *Grand Strategy for India: 2020 and Beyond*, New Delhi: Pentagon Press, 2012.

[16]Kumar Pankaj, *Mahanayak Narendra Modi*, Diamond Pocket Books Pvt Ltd, 2014.

[17]Maj Gen Ajay Kumar Chaturvedi, *Accession of Jammu & Kashmir and Constitutional Provisions: A Historical Recount*, Vivekananda International Foundation, September 2019.

[18]Melissa Hathaway, Chris Demchak, Jason Kerben, Jennifer McArdle and Francesca Spidalieri, *India Cyber Readiness at A Glance*, Potomac Institute for Policy Studies, 2016.

[19]Namrata Goswami (eds.), *India's Approach to Asia: Strategy, Geopolitics and Responsibility*, New Delhi: Pentagon Press, 2016.

[20]N. J. Smelser and P. B. Baltes (eds.), *International Encyclopedia of the Social & Behavioral Sciences*, Oxford: Elsevier, 2001.

[21]Observer Research Foundation, *Indo-US Cooperation on Internet Government & Cybersec- urity*, October 2014.

[22]Reeta Chowdhari Tremblay, Ashok Kapur, *Modi's Foreign Policy*, SAGE Publications, 2017.

[23]Robert Alan. Dahl, *Pluralist Democracy in the United States: Conflict and Consent*, Rand McNally, 1967.

[24]Sampradaan Indian Centre for Philanthropy, *A Review of Charities Administration in India*, New Delhi, 2004.

[25]Shuchita Thapar, *Mapping the Cyber Policy Landscape: India, Global Partners Digital*, Global Partners Digital, 2017.

[26]Smita Gaikwad, Report On Koregaon-Bhima Riot on January 1, 2018, Forum for Integrated National Security, 2018.

[27]Sunil Khilnani and Rajiv Kumar, *Nonallgnment 2.0: A Foreign and Strategic Policy for India in the Twenty First Century*, Centre for Policy Research, 2012.

[28]Synne L. Dyvik, Jan Selby and Rorden Wilkinson (eds.), *What's the Point of International Relations?*, Routledge, 2017.

[29]Think Tank Report, *Policy landscape and think tanks in India: Paradigms, processes and future directions*, New Delhi: Bill & Melinda Gates Foundation, 2009.

[30]Thomas R. Dye, *Who's Running America? The Conservative Years*, Englewood Cliffs, N.J. : Prentice-Hall, 1986.

[31]Transparify, Tbilisi, Georgia, *How Transparent are Think Tanks about Who Funds Them 2016?*, 29 June, 2016.

[32]Vidushi Sahani, Rutwik Jagannath B, Nikhil Kumar, *100 milestones in hundred days*, Public Policy Research Centre, 2019.

[33]Vijay Sakhuja and Gurpreet S Khurana (eds.), *Maritime Perspective: 2014*, New Delhi: National Maritime Foundation, 2015.

[34]Vijay Sakhuja and Gurpreet S Khurana (eds.), *Maritime Perspective:*

2015, New Delhi: National Maritime Foundation, 2016.

[35]V.N. Khanna, *India's Nuclear Doctrine*, New Delhi: Samskriti, 2000.

[36]Walter Andersen, Shridhar D. Damle, *Messengers of Hindu Nationalism: How the RSS Reshaped India*, London: Hurst and Company, June 15, 2019.

二、论文

[1]Abhijit Singh, "An Indian Maritime Strategy for an Era of Geopolitical Uncertainty," *Journal of Defence Studies*, Vol. 9, No. 4, October–December 2015.

[2]Abhijit Singh, "India's Coastal Security Paradox," ORF Special Report (52), December 2017.

[3]Abhijit Singh and Abhijnan Rej, "India's Shrinking Influence in Littoral–South Asia," *Observer Research Foundation*, April 30, 2018.

[4]Anit Mukherjee, "K. Subrahmanyam and Indian Strategic Thought," Strategic Analysis, Vol. 35, No. 4, 2011.

[5]Arun Prakash, "Maritime Security of India: Future Challenges," *Institute for Defence Studies and Analyses*, November 26, 2013.

[6]Arvind Gupta, "IDSA's Interface with Policy," *Strategic Analysis*, No. 5, Vol. 39, 2015.

[7]C. Raja Mohan, "India and the Changing Geopolitics of the Indian Ocean," *Maritime Affairs*, Vol. 6, No. 2, Winter 2010.

[8]C. Raja Mohan, "The Making of Indian Foreign Policy: The Role of Scholarship and Public Opinion," *ISAS Working Paper*, July 2009.

[9]C. Raja Mohan, "The Re-making of Indian Foreign Policy: Ending the Marginalization of International Relations Community," *International Studies*, Vol. 46, No. 1–2, 2010.

[10]C. Uday Bhaskar, "China and India in the Indian Ocean Region: Neither Conflict nor Cooperation Preordained," *China Report*, Vol. 46, Issue3, August 2010.

[11]Daniel Markey, "Developing India's Foreign Policy 'Software' ," Asia Policy, Vol. 8, No. 8, 2009, pp. 73—96.

[12]Don Berlin, "The Rise of India and the Indian Ocean," *Journal of the Indian Ocean Region*, Vol.7, No.1, June 2011.

[13]D. Shyam Babu, "India's National Security Council: Stuck in the Cradle?" *Security Dialogue*, Vol. 34, No. 2, 2003.

[14]Gurpreet S. Khurana, "China as an Indian Ocean Power: Trends and Implications," *Maritime Affairs*, Vol. 12, No. 1, Summer 2016.

[15]Gurpreet S. Khurana, "China's Maritime–strategic Presence in IOR: Geopolitical, Geoeconomic and Security Import," *Maritime Affairs*, Vol. 10, No. 2, Winter 2014.

[16]Gurpreet S. Khurana, "China's 'String of Pearls' in the Indian Ocean and its Security Implications," *Strategic Analysis*, Vol. 32, No. 1, January 2008.

[17]Gurpreet S. Khurana, "India's Maritime Strategy: Context and Subtext," *Maritime Affairs*, Vol. 13, No. 1, April 2017.

[18]Guru Prakash, "Decoding Article 370 of the Indian Constitution," *Indian Foundation Journal*, Vol. II, No. 2, March 2014.

[19]Jayati Srivastaval, "Think tanks in South Asia–Analysing the Knowledge–power Interface," *Overseas Development Institute*, December 2011.

[20]Joshy M. Paul, "Emerging Security Architecture in the Indian Ocean Region: Policy Options for India," *Maritime Affairs*, Vol. 7, No. 1, Summer 2011.

[21]Kamlesh Kumar Agnihotri, "Modernisation of the Chinese Navy, its Strategic Expansion into the Indian Ocean Region and Likely Impact on the Regional Stability," *Maritime Affairs*, Vol. 7, No. 1, Summer 2011.

[22]Karsten Frey, "State Interests and Symbolism in India's Nuclear Build- Up," South Asia Institute Department of Political Science University of Heidelberg, *Working Paper*, No. 8, October 2002.

[23]Kishan S. Rana, "Diplomacy Systems and Processes: Comparing India and China," China Report, Vol. 50, No. 4, 2014.

[24]KP Saksena, "India's Foreign Policy: The Decision Making Process," *International Studies*, Vol. 33, No. 10, 1996, pp. 391—405.

[25]K. Subrahmanyam, "Defense Preparations in India and China," *Bulletin of the Atomic Scientists*, Vol. 24, No. 5, 1968.

[26]K. Subrahmanyam, "IDSA in Retrospect," *Strategic Analysis,* Vol. 35,

No. 4, 2011.

[27]Laxman Kumar Behera, "Creation of Defence Planning Committee: A Step towards Credible Defence Preparedness," *IDSA Comment*, April 19, 2018.

[28]Miller, Manjari Chatterjee, "India's Feeble Foreign Policy: A Would-Be Great Power Resists Its Own Rise," *Foreign Affairs*, Vol. 92, No. 3, 2013.

[29]M.S. Rajan, "Golden Jubilee of the School of International Studies: An Assessment," *International Studies*, Vol. 42, No. 3 — 4, 2005.

[30]Neeta Krishna, "A Think Tank History: A view from India," *On Think Tanks*, August 2014.

[31]Partha Pratim Basu, "Federalism and Foreign Policy in India-Experiences of UPA and NDA-II Regimes," *India Quarterly*, Vol. 72, No. 3, 2016.

[32]Pervaiz Iqbal Cheema, "The Contribution of Track II towards India-Pakistan Relations," *South Asian Survey*, Vol. 13, No. 2, 2006, pp. 211— 233.

[33]P. R. Chari, "National Security Council-BJP Style," *The Institute of Peace and Conflict Studies*, November 27, 1998.

[34]P. R. Chari, "India's Nuclear Doctrine: Confused Ambitions," *Nonproliferation Review*, Vol. 7, No. 3, 2000.

[35]Pravin, "the New Naukri.com for Modi Government," *Vivekananda International Foundation,* December 29, 2016.

[36]Raphaëlle Khan, Patrick Köllner, "Foreign Policy Think Tanks in India: New Actors, Divergent Profiles," *GIGA Focus Asia*, February 2018.

[37]Rahul Singh, N. N. Sharma and U. Jha, "Think Tanks, Research Influence and Public Policy in India," *Vision*, Vol. 18, No. 4, 2014.

[38]Reeta Chowdhari Tremblay, "Kashmir's Secessionist Movement Resurfaces: Ethnic Identity, Community Competition, and the State," *Asian Survey*, Vol. 49, No. 6, November/December 2009.

[39]Rita Jalali, "International Funding of NGOs in India: Bringing the State Back in," *International Journal of Voluntary and Nonprofit Organizations*, Vol. 19, No. 2, 2008.

[40]Sanjaya Baru, "Indian Minds, Foreign Funds-Governmental Bureaucratism and Niggardly Corporates Drive Think Tanks Abroad For Funds," *Business Standard*, August 9, 2010.

[41]Sanjaya Baru, "Can Indian Think Tanks and Research Institutions Cope with the Rising Demand of Foreign and Security Policy Research?" *ISAS Working Paper*, No. 67, 2009.

[42]Sarabjeet Singh Parmar, "Maritime Security in the Indian Ocean: An Indian Perspective," *Journal of Defence Studies*, Vol. 8, No. 1, January – March 2014.

[43]Siddharth Varadarajan, "It's strategic culture that counts," *The Hindu*, 22 January, 2010.

[44]Stuti Bhatnagar, "Indian Think Tanks and their Influence on Foreign Policy," *ISA Global South Caucus Singapore 2015: Call for Proposals*, 2015.

[45]Swati Chaturvedi, "Exclusive: Think-Tank Run by NSA Ajit Doval's Son Has Conflict of Interest Writ Large," *The Wire*, 4 November, 2017.

[46]Tuneer Mukherjee, "China's Maritime Quest in the Indian Ocean: New Delhi's Options," Observer Research Foundation, 21 Apr, 2018.

[47]Vikash Chandra, "Modi Government and Changing Patterns in Indian Foreign Policy," *Jadavpur Journal of International Relations*, Vol. 21, No. 2, 2017.

网络资源

阿南塔阿斯彭中心 :http://www. anantaaspencentre. in

辩喜国际基金会：http://www. vifindia. org

梵门阁 :http://www. gatewayhouse. in

观察家研究基金会：http://www. orfonline. org

国防分析研究所：https://idsa. in/

环球网：http://www. huanqiu. com/

火线报：https://thewire. in

慕吉克研究基金会：http://www. spmrf. org

全国海事基金会：http://www. maritimeindia. org

人民网：http://www. people. com. cn/

商业旗帜报：http://www. business-standard. com

新华网：http://www. xinhuanet. com/

印度基金会：http://www. indiafoundation. in

印度世界事务委员会：http://www. icwa. in

印度教徒报：http://www. thehindu. com

印度斯坦时报：https://www. hindustantimes. com/

印度时报：https://timesofindia. indiatimes. com

印度快报：http://indianexpress. com

印度政策基金会：http://www. indiapolicyfoundation. org

政策研究中心：http://www. cprindia. org

政策学习中心：http://www. cpsindia. org

中国分析及策略中心：http://www. ccasindia. org/

中国研究所：http://www. icsin. org

印度智库附录

阿南塔阿斯彭中心（Ananta Aspen Centre）

辩论与思想论坛（Vivek Vichar Manch）

辩喜国际基金会（Vivekananda International Foundation）

布鲁金斯学会印度中心（Brookings India）

查谟和克什米尔研究中心（Jammu Kashmir Study Centre）

当代研究中心（Centre for Contemporary Studies）

德里经济学院（Delhi School of Economics）

德里政策集团（Delhi Policy Group）

丁达雅尔研究所（Deendayal Research Institute）

多拉吉·塔塔社会工作研究院（Sir Dorabji Tata Graduate School of Social Work）

发展替代（Development Alternatives）

梵门阁（Gateway House: Indian Council on Global Relations）

复兴研究基金会（Research for Resurgence Foundation）

甘地研究基金会（Gandhi Research Foundation）

甘地和平基金会（Gandhi Peace Foundation）

观察家研究基金会（Observer Research Foundation）

国防分析研究所（Institute for Defence Studies and Analyses）

国际贸易、经济与环境中心（Centre for International Trade, Economics & Environment）

国家应用经济研究理事会（National Council of Applied Economic Research）

国家综合安全论坛（Forum for Integrated National Security）

公共政策研究中心（Public Policy Research Centre）

和平与冲突研究所（Institute of Peace and Conflict Studies）

贾达普国际关系协会（Jadavpur Association of International Relations）

贾瓦哈拉尔·尼赫鲁纪念信托基金（Jawaharlal Nehru Memorial Trust）

教育文化促进基金会（Shiksha Sanskriti Utthan Nyas）

经济增长研究所（Institute of Economic Growth）

科学环境中心（Centre for Science and Environment）

科学与工业研究委员会（Council of Scientific & Industrial Research）

空中力量研究中心（Centre for Air Power Studies）

拉吉夫·甘地当代研究所（Rajiv Gandhi Institute for Contemporary Studies）

陆战研究中心（Centre for Land Warfare Studies）

贸易和发展中心（Centre for Trade and Development）

民间团体研究中心 (Centre for Civil Society)

慕吉克研究基金会（Dr Syama Prasad Mookerjee Research Foundation）

能源与资源研究所（Energy and Resources Institute）

尼赫鲁大学国际关系学院（School of International Studies, Jawaharlal Nehru University）

钦奈中国研究中心（Chennai Centre for China Studies）

全国海事基金会（National Maritime Foundation）

全印历史改革项目（Akhil Bharatiya Itihas Sankalan Yojana）

塔塔社会科学研究所（Tata Institute of Social Sciences）

协同效应基金会（Synergia Foundation）

亚洲学者协会（Association of Asia Scholars）

英迪拉·甘地国家基金会（Indira Gandhi National Foundation）

印度国际研究院（Indian School of International Studies）

印度国际经济关系研究委员会（Indian Council for Research on International Economic Relations）

印度国家转型委员会（The National Institution for Transforming India Aayog）

印度基金会（India Foundation）

印度教育会（Bharatiya Shikshan Mandal）

印度理学院（Indian Institute of Science）

印度三军协会（United Service Institution of India）

印度社会科学研究理事会（Indian Council of Social Science

Research）

印度世界事务委员会（Indian Council of World Affairs）

印度思想中心（Bharatheeya Vichara Kendram）

印度统计研究所（Indian Statistical Institute）

印度政策基金会（India Policy Foundation）

战略与安全研究论坛（Forum for Strategic and Security Studies）

政策研究中心（Centre for Policy Research）

政策研究中心（Centre for Policy Studies）

政治经济学研究所（Institute of Politics and Economics）

智慧源流组织（Prajna Pravah）

中国分析及策略中心（Centre for China Analysis & Strategy）

中国研究所（Institute of Chinese Studies）

— 后 记 —

　　本书从2017年选题、2018年7月部分稿件定稿，到2019年书稿修改完结，其研究与撰写断断续续延续近3年。在此期间，我从一名四川大学南亚研究所专注南亚智库研究的学生，转换成在南亚研究机构从事社科研究的智库职员。角色身份的转换，也使我对智库的生存、发展、运行有了更为全面的了解。

　　2019年10月，在四川大学南亚研究所曾祥裕老师的支持和鼓励下，我在硕士论文的基础上修改完成此书稿件，并与解斐斐提供的稿件整合为完整的书稿。在此，首先感谢曾老师的悉心教诲与精心指导。此外，也要感谢我的母校在学术和生活上对我的滋养，以及我的导师李涛教授和四川大学南亚研究所各位老师在学术上的严格要求和谆谆教诲。借此机会，还向教育过我的每一位老师表示深挚的谢意，学生走过的每一步都有你们的辛劳，你们的教导学生都铭记在心。

　　这是我向您提交的，一张估分60的考卷。此次考试结束，我该去学习了。

周惠芳

2019年11月19日于成都